Die Goldene Rose

*Ein kreatives Projekt
für junge Schauspieler
und Nachwuchsfilmer*

Dr. Wolfgang Link

Impressum

© 2001 Dr. Wolfgang Link , Berghaupten
Alle Rechte liegen beim Autor.

Herstellung : Book on Demand GmbH , Norderstedt

ISBN 3/8311/1977/5

*Meinen Eltern, für Hiltrud, Ilse,
Andreas, Wolfram und für alle, die an
den Filmen mitgewirkt haben*

Inhalt

1. Muster von Einladungen — 5

2. Entstehung und Werdegang der Film - AG, Anliegen und pädagogische Ziele — 7

3. Wie eine verhexte Prinzessin über eine Stadt fliegt — 11

4. Was uns an einigen Autoren besonders ansprach — 15

5. Auswahl und Bedeutung der unterlegten Musikstücke — 17

6. Kompositionen von Wulf Wyszynski — 18

7. Der Ritt auf dem Pegasus : Für die Film - AG geschriebene Gedichte von Martha Link — 20

8. Anekdoten zum Schmunzeln — 22

9. Von der AG verfilmte Stücke — 26

10. Von Mitgliedern der Film-AG geschriebene Texte — 45

10.1. Die goldene Rose — von Hiltrud Layer — 45
10.2. Das Goldene Buch — von Dr. Evelyne Enderlein — 63
10.3. Die Rückkehr der Dinosaurier — von Mario Hetzel — 71
10.4. Der blaue Diamant — von Marina Bartolovic — 74
10.5. Die Mondstation — von Wolfgang Link — 80
10.6. Ein Traum — von Wolfgang Link — 89
10.7. Ritter Kunibert — von Wolfgang Link — 97
11. So urteilen Zuschauer — 105
12. und so urteilt die Presse — 107
13. Literatur — 110

1. Muster von Einladungen

Einladungen in kalligraphischer Schrift (von Thomas Gusik, Mitglied der Film-Ag) , wurden genau so verteilt...... .

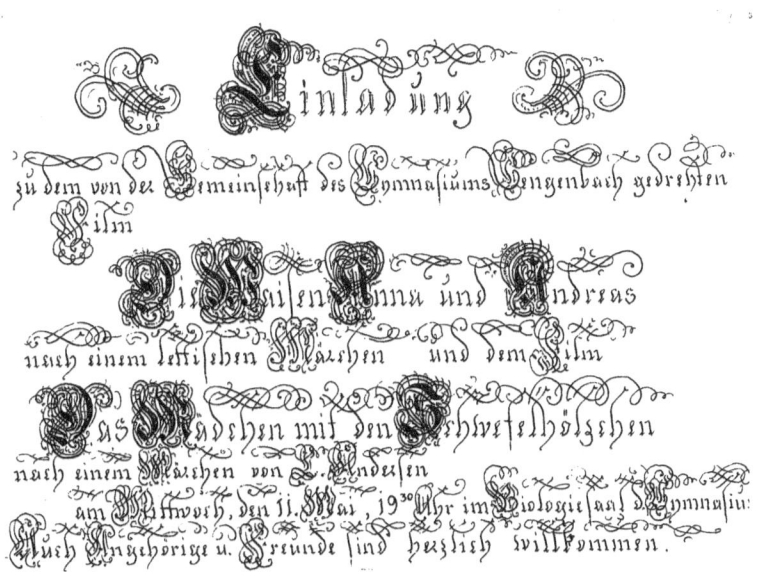

Das Gymnasium Gengenbach lädt ein.

Die Film-Arbeitsgemeinschaft zeigt:
am Freitag, den 6. Oktober 1995 1930h
im Foyer des Gymnasiums Gengenbach

Der Schmetterling
nach H. C. Andersen

Der blaue Diamant
von Marina Bartolovic

Die Rückkehr der Dinosaurier
von Mario Hetzel

Über Ihr Kommen würden wir uns sehr freuen.

.....wie mit dem Computer geschriebene Einladungen

2. Entstehung und Werdegang der Film-AG, Anliegen und pädagogische Ziele

"Die Film - AG hat unsere Kinder von der Straße geholt", lautete die spontane Äußerung der Mutter einer ehemaligen Schauspielerin am Rathausplatz Gengenbach. "Seit meine Tochter in der Film-AG mitmacht, sind ihre Leistungen in Deutsch besser geworden", erzählte eine andere Mutter nach einer Filmaufführung. "Entscheidend ist nicht die Perfektion, sondern schön war es, dabeigewesen zu sein", berichteten ehemalige Teilnehmer* und deren Eltern. "Fantasie, Freude, Frohsinn ,diese drei F treffen für die Film - AG zu anstelle der bei der Freizeitgestaltung üblichen drei F wie Fernsehen, Fußball, Flaschenbier ", bemerkte Herr Oberstudiendirketor Grießer beim zehnjährigen Film - AG - Jubiläum im Jahre 1992. "Eine solche Arbeitsgemeinschaft gibt es in ganzen Oberschulamtsbereich Freiburg nur einmal", erklärte 1988 der damalige Abteilungsleiter des Faches Bildende Kunst. Diese und ähnliche Worte motivierten mich nach dem ersten Film im Rahmen der Projekttage Juli 1982, diese Arbeitsgemeinschaft ständig anzubieten. Schon lange hatte ich den Wunsch, den Kindern und Jugendlichen im Zeitalter der vielen jugendgefährdenden Machwerke in Film und Fernsehen gute Alternativen anzubieten. Um sie vor den negativen Einflüssen zu bewahren, genügte es mir nicht, sie vor dem Anschauen minderwertiger Filme zu abzuhalten oder auf gute Produktionen

hinzuweisen. Erst von einer aktiven Auseinandersetzung mit aufbauenden Inhalten erhoffte ich mir eine nachhaltige positive Wirkung . Bei der Auswahl der Geschichten ließ ich mich von folgenden Gesichtspunkten leiten :
1. Die Phantasie der jungen Schauspieler* sollte angeregt werden.Hier waren die Burgensagen der Umgebung mit Außenaufnahmen an den Originalschauplätzen eine wahre Fundgrube,ebenso Märchen von H.C. Andersen, der Gebrüder Grimm und anderer Autoren.
2. Der Filmstoff sollte auf emotionaler Ebene Grundwerte vermitteln und die Herzen der jungen Menschen ansprechen.
3. Durch Wecken von Talenten , die in den Schulfächern nicht genügend gefördert werden, wollte ich das Selbstwertgefühl der Schüler* festigen und sie damit vor seelischen Gefahren widerstandsfähiger machen. Hierzu gehören nicht nur das Einfühlen in Rollen, sondern auch schöpferische Tätigkeiten bei der Gestaltung von Zeichen- und Legetrickfilmen und das Erlernen der Kamera-und Videotechnik. Besonders kreativ war das Abfassen von eigenen Geschichten, zum Teil von Schülern geschrieben oder im Rahmen einer Ideenwerkstatt gemeinsam erarbeitet.
Mit unseren damaligen technischen Möglichkeiten, einer Stummfilmkamera und der Tonaufzeichnung über ein Tonbandgerät hatten wir beim ersten Film 'Die Goldene Rose' nach einem Märchen von Hiltrud Layer nur bescheidene Gestaltungsmöglichkeiten. Dies wurde durch die Begeisterung

der Mitwirkenden, die sich mit phantasievollen Ideen überboten, sowie der Bereitschaft zur Improvisation wettgemacht. So wurde die erste Aufführung September 1982 im überfüllten Biologiesaal des Gymnasiums Gengenbach ein voller Erfolg. Den Durchbruch hin zu öffentlichen Aufführungen schaffte die Arbeitsgemeinschaft mit der Verfilmung des Märchens von H.C. Andersen 'Das Mädchen mit den Schwefelhölzchen'. Dieser Streifen sowie zahlreiche weitere Produktionen wurden außer in schulischem Rahmen auch in Vereinen, in Altersheimen und bei Pfarrgemeindeversammlungen aufgeführt.

Die Arbeitsgemeinschaft fand in den folgenden Jahren einen solchen Zulauf, dass sich häufig für eine Rolle mehrere Personen bewarben und mir als Leiter die richtige Zuteilung schwer fiel. Ich hatte Mühe, abgelehnte Bewerber* anderweitig zu beschäftigen. Gefördert wurde diese Entwicklung durch die großzügige Unterstützung der damaligen Direktoren, den Herren K. Grießer und R. Herrmann von Beginn der AG bis zu ihrem Ausscheiden aus dem aktiven Dienst 1997 bzw. 1998. Ihnen gebührt Dank für die ständige Gewährung von Deputatsstunden, für ihre anerkennenden Worte bei Filmpremieren sowie ihre aktive Mitarbeit als Schauspieler.

Besonders gefördert haben einige Eltern und Bekannte die Arbeit der Film - A G. Ihr Entgegenkommen reichte von der Bereitschaft, Regie zu übernehmen bis hin zur Einladung, in ihren Wohnungen zu filmen. Damit wurde die Szenerie um ein

Vielfaches bereichert. Auch ihnen sei ein ganz besonders herzliches Dankeschön ausgesprochen. Ebenso ein herzliches Dankeschön den Autoren, die freundlicherweise die Erlaubnis zur Veröffentlichung ihrer Geschichten gegeben haben.

Auch wenn - bedingt durch das immer größer werdende Angebot der Massenmedien - das Interesse an der AG zeitweise nachließ, gab es in den letzten Jahren Gruppen, die von sich aus auf mich zukamen mit dem Wunsch, einen Film zu gestalten. Dies war für mich als Leiter der AG Ermunterung weiterzumachen.

* Da die vorliegende Schrift sich an Leserinnen mit gesundem Selbstwertgefühl richtet, werden bewusst die bisher üblichen Sammelbegriffe anstelle der feministischen Stilblüten verwendet.

3. Wie eine verhexte Prinzessin über eine Stadt fliegt

Diese und andere auch dem Amateur mögliche Tricks erläutert der folgende Abschnitt

Von einem Prinzen, der durch Hineinfallen in einen heilkräftigen See gesundet, ohne dabei nass zu werden
Hierbei wird die auf einem Stativ montierte Kamera angehalten, nachdem die Bewegung des Stoßens in den See gefilmt worden war. Ein Helfer wirft an der Stelle des vermeintlichen ins Wasser Fallens einen Stein. Sobald dieser Kreise zieht, wird die Kamera erneut in Gang gesetzt. Beim Vorführen ist die Illusion vollkommen, die Person sei tatsächlich in den See gefallen.

Wie ein mächtiger Fels durch Zauberhand zerbröselt
Hierzu wird vor das Kameraobjektiv eine mit Wasser gefüllte Kuvette gesetzt. Durch Zugabe von Glyzerin entstehen Schlieren. Sie vermitteln den Eindruck, dass der Fels in sich zerfällt.
Ebenfalls mit einer Kuvette vor dem Objektiv, die mit einer wässrigen Kochsalzlösung gefüllt ist, können bei Zugabe verdünnter Silbernitratlösung wallende Nebel erzeugt werden. Nebel ohne Bewegung können durch Vorschalten einer mit feinem Schmirgelpapier leicht mattierten Kunststoffscheibe vorgetäuscht werden. Enthält diese im Zentrum ein Loch ohne

Mattierung, so erscheint die Mitte des Bildes klar. Das Bild ist von einem Nebel umrahmt , ein für bestimmte Effekte wirkungsvoller Trick. Eine rechteckige Scheibe mit allmählichem Übergang von klar nach matt kann den Eindruck allmählicher Einnebelung hervorrufen.

Wie man aus einer kleinen Tanzgruppe ein großes Ensemble zaubern kann.
Benötigt wird ein Multivisionsprismenvorsatz. Damit können Gegenstände verdoppelt bis verfünffacht werden. Die Illusion gelingt am besten, wenn die zu vervielfältigenden Personen in hellen Kleidern auf dunklem, ruhigem Hintergrund aufgenommen werden. Ist der Prismenvorsatz drehbar, entstehen durch kreisförmige Bewegungen im wahrsten Sinne des Wortes märchenhafte Wirkungen.

Wie ein nüchteres , schwarz angestrichenes Fotolabor zum Kaiserpalast wird
Hierzu werden die Schauspieler in hellen Gewändern vor einer dunklen Fläche gefilmt. Gleichzeitig wird über ein Videomischpult ein Hintergrund eingeblendet. Damit entstehen traumhafte Wirkungen, da sich die beiden Bilder teilweise überlagern. Das Blue- Box- System liefert realistische Bilder , hat aber den Nachteil, dass die Schauspieler blaue Kleider meiden müssen.

Die im Film 'Der Reisekamerad' verhexte Prinzessin wurde stehend mit Auf- und Abschlag der Arme bei um 90 Grad gekippter Kamera vor einem dunklen Hintergrund gefilmt. Gleichzeitig wird ein Panoramaschwenk über eine Stadt eingeblendet. die Illusion des Fliegens wirkt täuschend echt. Das Reich des Zauberers mit Eulen, Kobolden und Fledermäusen wurde mit ähnlicher Technik unter Einsatz eines Multivisionsprismas umgesetzt.

Mit der Technik der Überblendung können Schauspieler vor jede Kulisse gestellt werden, angefangen von Innenräumen, Stadtbildern, Landschaften bis hin zu Wolkenbildern oder Unterwasserlandschaften, gleichgültig, ob von Fotos oder von Gemälden aufgenommen. Wird ein bewegter Streifen , zum Beispiel mit einem Panorama an der zweiten Kamera vorbeigeführt, so entsteht der Eindruck, die Personen seien in Bewegung. So wurde beispielsweise der im Traum erlebte Ritt eines Jungen auf einem Dinosaurier in 'Die Rückkehr der Dinosaurier' umgesetzt.

Wie Personen und Objekte in den Fluten versinken

Die moderne Videotechnik mit Mischpult macht's möglich: Eine stufenlose Überblendung von einer Szene in die andere lässt Stadträte im Film 'Die Mondstation' von Sturzbächen wegreißen und im Film 'Ein Traum' eine Videothek in den Fluten versinken, ohne dass Millionenschäden entstehen. Ähnlich erhält eine Festrednerin während ihres Auftritts eine Dusche. In Wirklichkeit fällt auf sie kein einziger Tropfen Wasser. Weitere Möglichkeiten: Eine Burg wird durch Feuer verwüstet. Personen lösen sich in Nichts auf oder erscheinen aus dem Nichts . Elfen verschwinden in Blütenknospen (s. H.C. Andersen :Der Reisekamerad). Der Vielfalt der Möglichkeiten sind durch die moderne Videomischtechnik fast keine Grenzen gesetzt. Ein Mischpult mit Digitaleffekten bietet darüber hinaus Möglichkeiten zur Verfremdung von Bildern. So konnten wir auf einer Wiese mit Schneeglöckchen (durch Überblendung hineingesetzt) Schnee darüberlegen, obwohl die Frühlingstemperatur den Schnee schon längst geschmolzen hatte. Gut auch für die Tänzerinnen, da ihr Auftritt bei Frost unzumutbar gewesen wäre. (siehe Szene in H.C. Andersen, 'Der Schmetterling').

Noch einige Anmerkungen zu den Zeichen- und Legetrickfilmen: Selten ist ein kreatives Angebot so geeignet , schöpferische Fähigkeiten und die Fantasie junger Menschen zu fördern und auch denen die Möglichkeit zur Mitarbeit bei der Gestaltung von Filmen zu geben, die wenig schauspielerische Talente haben oder sich nicht vor der Kamera produzieren wollen. Reichen doch die gestalterischen Möglichkeiten vom (Um-)Schreiben einer Geschichte über Zeichnen und Malen der Trickbilder , der technischen Umsetzung bis hin zum Vertonen. Um die Geduld der Mitwirkenden nicht überzustrapazieren, wurde in vielen Fällen auf das Zeichnen von Einzelbildern verzichtet. (Für eine Sekunde Film sind zum Ablauf einer lückenlosen Bewegung in der Regel mindestens 1o Einzelbilder erforderlich.) Stattdessen wurden - ähnlich wie im Puppentheater - die zu bewegenden Figuren und Objekte an durchsichtigen Stäbchen geführt. Dies war im Hinblick auf das pädagogische Anliegen, die jungen Menschen nicht zu überfordern, ein brauchbarer Weg.

4. Was uns an einigen Autoren besonders ansprach

H.C. Andersen ist der Schriftsteller, der mit der Verfilmung von 9 Geschichten bei uns am meisten vertreten ist. Was ist für Schauspieler und Publikum so faszinierend ? Andersen versteht es wie selten ein Erzähler, aus einem gefühlstiefen Innern Anteilnahme im Leser zu wecken, von Herz zu Herz zu sprechen und dies in einer schlichten, zum Teil humorvollen Darstellung.

Mit der Verfilmung von drei Jugendromanen hat uns auch **E. Kästner** immer wieder in seinen Bann gezogen. Dass seine Bücher auch Jahrzehnte nach ihrem Erscheinen weltweit Bestseller sind, beruht auf seiner Fähigkeit, aus dem Herzen der jungen Menschen zu fühlen, zu denken und diese Sprache glaubhaft der Jugend zu vermitteln. Wenn er im Fliegenden Klassenzimmer dem 'Nichtraucher' in den Mund legt :"Vergesst die Jugend nicht!" so trifft dies in hohem Maße auf Kästner zu. Im gleichen Roman vermittelt er Lebensphilosophie, etwa , wenn er den Nichtraucher sagen lässt : " Geld und Rang und Ruhm ,das sind doch kindische Dinge ! Das ist doch Spielzeug und weiter nichts . Damit können doch wirklich Erwachsene nichts anfangen . "

Einen Großteil des Filmstoffes entnahmen wir den Burgensagen der Ortenau von **Willi Keller.** Sie erzählen von Schicksalen , die auch noch nach Jahrhunderten aktuell sind. Besondere Freude machte das Verkleiden als Ritter, König oder Burgfräulein und das Spielen in den Burgruinen. Die Auseinandeersetzung mit Gut und Böse, Höhen und Tiefen im Leben verleihen diesen Geschichten zeitlose Gültigkeit. Die Beschäftigung mit diesen Inhalten fördert auch die Heimatliebe der jungen Schauspieler .

5. Auswahl und Bedeutung der unterlegten Musikstücke

Hierbei ging es darum, Stimmungen und Gefühle wie Sehnsucht, Freude, Glück , Zärtlichkeit , Zuneigung Angst, Trauer sowie Situationen wie Visionen, Träume oder nahendes Unheil mit Klängen zu untermalen, was weder in Wort noch in Bild ausgesagt werden konnte. Wie in der Oper sind in den meisten Filmen Musik und Schauspiel eine untrennbare Einheit. Einen besonders schöpferischen Beitrag stellen die Improvisationen von Andreas Link auf dem Keybord für die Filme 'Ein Traum' und 'Die Mondstation' dar, eine gelungene Synthese von Videofilm und modernen Klangelementen. Bemerkenswert sind auch die Vertonungen von Wulf Wyszynski, zum Beispiel zum Lied aus Andersens 'Schneekönigin' und zum traurigen Lied der Waisen aus der 'Waise Anna'.

6. Kompositionen
von Wulf Wyszynski

zum Film
Die Schneekönigin
nach H. C. Andersen

Leitmotiv : Die Rosen , sie blüh'n und verweh'n

und zur Waise Anna

Vorspiel ... Die Sonne ist schon am Un-ter-ge-hen, die Mutter weit fort ach wann werd' ich sie sehn? weit fort ja, so weit ist die Mut-ter- mein, ich ei-le und ei-le, hol' nim-mer sie ein, Mein Ru-fen und Kla-gen sie hö-ret es nicht! Wer trock-net die Trä-nen in mei-nem Ge-sicht?

Nachspiel

22.3.83

7. Der Ritt auf dem Pegasus

Eine besondere Bereicherung sind die eigens für einige Drehbücher gedichteten Verse von **Martha Link,** etwa für 'Das fliegende Klassenzimmer' von E. Kästner :

Zum 1. Akt :
Die Klasse schläft und träumt gar manches Mal,
dies wird dem Oberstudienrat zur Qual.
Da kommt ihm plötzlich 'ne Idee:
Er sagt : "Wir fahren in die Höh'"
Und alle sind im Flugzeug drin,
die Schul' wird zum Lokaltermin.

Zum 2. Akt:
Wir landen bald am blauen Meer,
an dem Vesuv, der raucht gar sehr.
Was hat er früher angerichtet ?
zwei schöne Städte ganz vernichtet.
Die Zigarre brennt am Kraterrand
bei schönem Blick ins weite Land.

Zum 4. Akt:
Zum Nordpol geht die lust'ge Jagd,
dort , wo die Erdachs' ausdem Firnschnee ragt.
Glanz platt ist dort die Erde, ja topfeben,

nur ein Eisbär steht daneben.
Er schwärmt uns von der Einsamkeit,
von Eis und Schnee gar weit und breit.
Gar freundlich gibt er uns die Pranke,
wir fliegen weiter , auch ihm ein Danke.

Zum Vergleich ein Gedicht von E. Kästner zum 5. Akt :
Der Himmel ist für euresgleichen
ja doch nur scheinbar zu erreichen.
Ihr fliegt herauf in Apparaten,
ihr blickt herein durchs Okular.
Doch glaubt mir : Trotz solcher Taten
bleibt euch der Himmel unsichtbar.

Die Qualen der Erzählung : 'Das Mädchen , das auf das Brot trat', nach H. C. Andersen hat sie in eindrucksvolle Verse gefasst:
O je , o je, o je,
wie tut das Feuer weh!
Der Hunger macht dir große Not,
und keiner gibt ein Stücklein Brot.
Vom Moor sind Schuh' und Kleider braun,
es ist kein Spass , dich anzuschau'n.
Der Hölle Qualen weit und breit
vertreiben deine Eitelkeit.

8. Die folgenden Anekdoten erzählen davon, dass es in der Film-AG immer wieder Gelegenheit zum Schmunzeln gab.

Das Brautpaar des Jahres

Beim Abdrehen des Hochzeitszuges für das Märchen 'Der Reisekamerad' von H.C. Andersen wirkten Braut und Bräutigam so echt, dass Touristen aus Holland mir als vermeintlichem Brautvater gratulierten und um Erlaubnis baten, das Hopchzeitspaar fotografieren zu dürfen. Das Alter der 'Brautleute' betrug damals sage und schreibe ganze 13 Jahre.

Küssen ist keine Sünd'...

Laut Erzählung 'Die Goldene Rose' sollte Prinz Goldhaar, nachdem er mit Hilfe von Schwarzlöckchen auf wunderbare Weise von seinem Leiden geheilt worden war, seiner künftigen Braut um den Hals fallen und ihr einen Kuss geben. Auf seine Frage :"Muss ich das machen?" schlug ich ihm vor, er könne die Zuneigung zu seiner Auserwählten mit einer Umarmung zum Ausdruck bringen. Vor lauter Schreck fiel ihm vor laufender Kamera die Krone vom Kopf.

Im darauffolgenden Jahr sollte der gleiche Schauspieler , dieses Mal in der Rolle eines Zauberers in H.C. Andersens 'Der Reisekamerad' einer verhexten Prinzessin einen Kuss geben.Wieder stellte er die gleiche Frage: "Muss das sein?"

Meine Antwort:"Daran ist noch keiner gestorben!" Als ich dies bei der Uraufführung seinen Eltern erzählte, bemerkte der Vater schmunzelnd: " In ein paar Jahren können sie es richtig!" Darauf der Sohn: "Das ist eine Sauerei!"

Der geheimnisvolle Koffer
Da in vielen Stücken Bräute, Elfen und Feen auftraten, kaufte ich in Polen ein echtes Brautkleid für etwa 65 Mark zum Erstaunen der Verkäuferin. Das gute Stück verwahrte ich in einem großen schwarzen Koffer. Als das Fachkollegium Biologie Möglichkeiten zur Durchführung von Erste-Hilfe-Kursen an der Schule besprach und ich das Fehlen von Lehrmaterial bemängelte, wand ein Fachkollege ein, wir hätten doch einen Erste-Hilfe-Koffer. Als ich ihm den Inhalt des vermeintlichen Erste-Hilfe-Koffers vorführte, war der Witz der Woche gelungen. (Zugegeben: Der vermeintliche Erste-Hilfe-Koffer sah einem echten täuschend ähnlich.)

Hochstapelei
Für die Außenaufnahmen zum Film 'Der Reisekamerad' hatten wir uns als besondere Kulisse Heidelberg mit seinem Schloss ausgesucht. Einer Reisegruppe band der Hauptdarsteller einen Bären auf : Er erzählte, wir seien vom Z D F und würden eine neue Unterhaltungsserie drehen. Dass die Täuschung gelang, zeigte die Frage einer älteren Dame: "Wann wird der Film ausgestrahlt?" Dies war im Hinblick auf die einfache technische

Ausrüstung umso erstaunlicher. Vielleicht haben die prächtigen Kostüme davon abgelenkt.

Weihnachtsfeier zu ungewöhnlicher Jahreszeit
"Weihnachten lag in der Luft." (So beginnt E. Kästners Jugendroman 'Das fliegende Klassenzimmer', den wir 1988 verfilmten.) Weihnachten lag auch in der Luft, als wir im festlich geschmückten Zeichensaal des Gymnasiums Gengenbach die Schulweihnachtsfeier abdrehten, wegen Terminschwierigkeiten allerdings erst im März. Nach getanem Werk saßen einige erwachsene Schauspieler mit Herrn Oberstudiendirektor Grießer unter einem aufwendig geschmückten Weihnachtsbaum und feierten bei einem Glas vom feinsten Wein unseren erfolgreichen Abdreh. Ein Kollege schaute durch die Tür und kommentierte schmunzelnd:"Den Weihnachtsbaum können Sie für das nächste Weihnachtsfest im Kühlschrank aufheben!"

Ein schwierig zu beschaffendes Requisit
Wir wollen die Schlussszene zum 'Mädchen mit den Schwefelhölzchen' nach H.C. Andersen abdrehen mit dem toten Kind auf der Straße im Schnee liegend. Was tun, wenn kein Schnee fällt? Es ist schon Vorfrühling, immer noch kein Schnee! In Vorfrühlingsatmosphäre abdrehen? Unmöglich !

Und wir wollen endlich das Werk vollenden. Da fällt ein Hauch von Schnee , bleibt aber am beabsichtigten Drehort nicht liegen. Nur an geschützten Stellen ist ein bißchen Schnee noch zu sehen. Improvisation ist alles ! Mit mehreren Säcken karre ich das seltene Requisit zum Schauplatz, trommele schnell die Akteure zusammen und bringe die Szene in den Kasten, denn nach einer Viertelstunde ist die weiße Pracht in der Frühlingssonne geschmolzen. Hauptsache, die Szene wirkt für Unbeteiligte echt. Trotz des traurigen Endes schmunzeln die Mitwirkenden während der Vorführung beim Gedanken an die Entstehung der Szene.

Die Bestürzung hinter Klostermauern
Groß war die Bestürzung, als zwei Angestellte des Franziskanerinnenklosters Gengenbach einen Sarg durch den Hof zur Hauskappelle trugen. "Wer ist denn jetzt gestorben?" fragten Schwestern anteilnehmend. Doch die Trauer war unbegründet. Der Sarg diente als Requisit für einen Abdreh von H.C. Andersens 'Der Reisekamerad'. Als dies bekannt wurde, atmete der Konvent erleichtert auf.

9. Von der Ag verfilmte Stücke

Erzählungen von H.C. Andersen

Das Mädchen mit den Schwefelhölzchen
Durch die Hartherzigkeit ihres Vaters und die Gleichgültigkeit ihrer Umgebung erfriert ein armes Mädchen in der Silvesternacht. Zwischen Leben und Tod hat sie Erscheinungen, die an die Visionen klinisch Toter erinnern

Der Reisekamerad
Ehrfurcht vor den Toten, Uneigennützigkeit, Verlässlichkeit, vor allem seine Liebesfähigkeit sind für einen jungen Mann Wege zum Glück. (Abb. 1)

Die kleine Seejungfrau
Nicht die besitzergreifende und leidenschaftliche, sondern uneigennützige Liebe führt die kleine Seejungfrau zur Vollendung.

Das Judenmädchen
In dieser Geschichte stellt der Dichter die drei großen Weltreligionen Judentum, Christentum und Islam gegenüber und legt ein klares Bekenntnis für seine christliche Überzeugung ab.

Das Mädchen, das auf das Brot trat
Schuld und Sühne sind zentrale Themen dieser Erzählung. An ihrem Ende stehen Reue als Voraussetzung für Erlösung.

Der Schweinehirt
Die Blasiertheit einer Königstochter ist schuld, dass sie an ihrem Lebensglück vorbeigeht.

Der Schmetterling
Der Schmetterling lebt am Leben vorbei, weil er sich nicht entscheiden und keine feste Bindung einzugehen bereit ist.

Däumelinchen (Trickfilm)
Geduld, Beharrlichkeit und Selbstlosigkeit führen das Wesen in diesem Blumenmärchen zur Erfüllung seiner Wünsche.

Die Schneekönigin (Trickfilm)
Eiskalter Intellekt und Gefühlskälte lassen einen jungen Menschen seelisch erstarren. Die innige Liebe eines jungen Mädchens erweckt die zugeschüttete Liebesfähigkeit zu neuem Leben.

Jugenderzählungen von E. Kästner

Das fliegende Klassenzimmer
Das gute Einvernehmen zwischen Lehrern und Schülern, insbesondere die Güte des Hauslehrers stehen im Mittelpunkt dieses Jugendromans. (Abb. 2)

Das Doppelte Lottchen
Hierin ist es dem Autor ein Anliegen, leichtfertige Trennung von Eltern auf Kosten des seelischen Wohles der Kinder zu vermeiden.

Die Konferenz der Tiere
ist ein pazifistisches Märchen auf dem Hintergrund der Vernichtung seiner Heimatstadt Dresden. Kästner ruft eindringlich die verantwortlichen Staatsmänner und Militärs auf, nach den schrecklichen Erfahrungen des zweiten Weltkrieges endlich einen dauerhaften Frieden zu schließen.

Burgensagen der Ortenau nach Willi Keller

Jung Gerold und die Feen von Geroldseck
Die guten und die bösen Mächte, dargestellt in den guten Feen und den Kobolden, bestimmen das wechselvolle Geschick des jungen Ritters von Geroldseck. Nachdem er von den bösen Mächten fast in den Tod gerissen worden wäre, siegt dank der Einsicht und Bereitschaft zur Umkehr das Gute in ihm.(Abb.3,4)

Das Grüselhorn
Neid, Eifersucht und Rache verursachen Leid zwischen den Burgherren von Geroldseck und Lützelhard und sind Grund für die Zerstörung der Burg Lützelhard. (Abb. 5 ,6)

Die Geisterhochzeit
Die letzte Burgherrin von Lauf findet keine Ruhe im Grab, weil sie schwere Schuld auf sich geladen hat. Erst die Liebe eines jungen Ritters erlöst sie von ihrem Fluch. (Abb. 7)

Brigitte von Hohenrode
Ein mittelalterlicher Krimi. Der Burgherr von Hohenrode möchte seine ungeliebte Frau los werden und beauftragt einen Mönch, sie zu ermorden. Dieser verhindert das Verbrechen.

Die weiße Katze
Machmissbrauch und Herzenshärte stehen im Widerstreit mit Güte und Milde. Die Kluft zwischen Adligen und Leibeigenen wird durch die Eheschließung des jungen Gero mit einer Bauerntochter überbrückt. (Abb. 8, 9)

Hadwig von Schauenburg.
Die wechselvolle Familiengeschichte der Titelrolle hätte auf Grund einer Lebenslüge beinahe in die Katastrophe geführt. Ein gütiges Geschick wendet alles zum Guten. (Abb. 10)

Die Karfunkelstadt
Ein Schicksal aus der Zeit des mittelalterlichen Silberbergbaus im Schwarzwald. Ein junges Mädchen wird von einem Ritter vom Bann des Bergkönigs befreit.

Der Untergang der Yburg
Ein verarmter Raubritter schreckt selbst vor Leichenschändung nicht zurück, um einen vermeintlichen Schatz unter der Gruft seiner Ahnen zu heben. Der Pakt mit dem Bösen kostet dem Burgherrn das Leben und vernichtet die Burg durch Blitzschlag. (Abb. 11)

Waltraute
Diese Sage spielt zu Beginn der Christianisierung Mitteleuropas. Die auftretenden Personen bekennen sich zur Überlegenheit der neuen Lehre.

Eine Sage aus dem Stuttgarter Raum : **Die Jungfrau von Esslingen**
Dem beherzten, aufopfernden Einsatz eines jungen Mädchens ist es zu verdanken, dass die Bürger von Esslingen vor den plündernden Horden Ludwigs XIV verschont und die Stadt nicht in Schutt und Asche gelegt wird.

Märchen der Gebr. Grimm

Die drei goldenen Haare des Teufels
Mit List und Tücke versucht eine Königin, den verhassten Schwiegersohn zu beseitigen. Ein gütiges Geschick bewahrt den jungen Mann vor dem Verderben.

Der Fischer und seine Frau (Trickfilm)
Sucht nach immer mehr Macht und Besitz führen nach anfänglichem Erfolg zum völligen Verlust des Erreichten.

Kalif Storch von W. Hauff (Trickfilm)
Einem in einen Storch verzauberten Kalifensohn gelingt es, sich, seinen Diener und eine Prinzessin aus einem Bann zu befreien . Dabei findet er die große Liebe.

Der glückliche Prinz von **O. Wilde**
Ein Mensch auf der Sonnenseite des Lebens gibt das Letzte her, um Anderen in Not zu helfen.

Die Waise Anna
In diesem lettischen Märchen wird ein Waisenkind von einer guten Fee zu liebevollen Eltern geführt. Damit haben Armut, Ausweglosigkeit und mangelnde Geborgenheit ein Ende.

Theaterstücke

Der Bauer als Millionär
In diesem Drama benützt ein Neureicher sein Geld, um sich zu ruinieren. Erst als er seinen Reichtum verloren hat, gewinnt er die Einsicht, dass Geld allein nicht glückllich macht.

Der Talisman
Vorurteile gegenüber Menschen mit ungewohntem Aussehen sind Thema dieser Kommödie. Die Oberflächlichkeit der Gesellschaft wird in geistreicher Weise parodiert.

Der Alte aus dem Walde (England)
Vorurteile gegenüber einem Außenseiter werden abgebaut, als dieser zwei Kindern das Leben rettet.

Weihnachten 56 (von Trautmannsdorf)
Halbdokumentarischer Film auf dem Hintergrund des niedergeschlagenen Ungarnaufstands durch die sowjetische Besatzungsmacht. Eine junge Familie flieht in einem Boot über den Neusiedler See. Dabei stirbt ihr Kind an Erfrierung. Menschlichkeit zeigen ein Steuermann der ungarischen Küstenwache und österreichische Fischer, die den Flüchtlingen beistehen. (Abb. 12)

Von Mitgliedern der Film - AG geschriebene Stücke

Die Goldene Rose von Hiltrud Layer
Segen und Fluch begleiten einen jungen Prinzen . Schon in der Kindheit von bösen Mächten verfolgt, wird er durch die Liebe einer jungen Frau von seinem Leiden erlöst. (Abb. 13)

Das Goldene Buch von **Dr. Evelyne Enderlein**
Auf der Suche nach Glück findet ein junger Mann in der großen Liebe Sinnerfüllung.

Der blaue Diamant von **Marina Bartolovic**
Ein armer Junge findet durch sein Gutsein Erfüllung und Lebensglück.

Die geheimnisvolle Schatzkarte im Heim
von **Christina Schappacher**
Einige Geschwister aus einer armen Familie überwinden ihre Not durch Entdeckung eines Schatzes und verhelfen ihren Eltern und Freunden zum Glück

Die Rückkehr der Dinosaurier von **Mario Hetzel**
Eine Parodie über den Dinorummel. Ein Junge steigert sich, gefördert durch entsprechende Geschenke zu seinem Geburtstag, so in die Welt der Dinosaurier, dass er im Traum sich in ihrem Reich wiederfindet.

Stücke von Wolfgang Link

Die Mondstation
Gegen Gigantomanie und Umweltbedrohung führen Tiere zunächst einen aussichtslosen Kampf. Erst als der Initiator des

Projektes Mondstation in Lebensgefahr ist, lenken die Verantwortlichen ein.

Ein Traum
Ein modernes Märchen. Gute Geister erreichen nach mehreren vergeblichen Versuchen , dass die Medienmacher sich ihrer Verantwortung für die Jugend bewusst werden und Medien mit aggressivem Inhalt nicht mehr verbreiten.

Ritter Kunibert
Zentnerweise Spass gibt es in dieser Geschichtsposse , frei gestaltet nach einer Sage von W. Keller . Ein Ritter büßt seinen Größenwahn mit einem Teil seines Herrschaftsgebietes .

Östliche Passion
Verfilmung einer Gemäldefolge mit Kommentar. Dieser Beitrag handelt von Not und Elend hinter dem Eisernen Vorhang und der Stunde der Freiheit, als Mauer und Stacheldraht fielen.

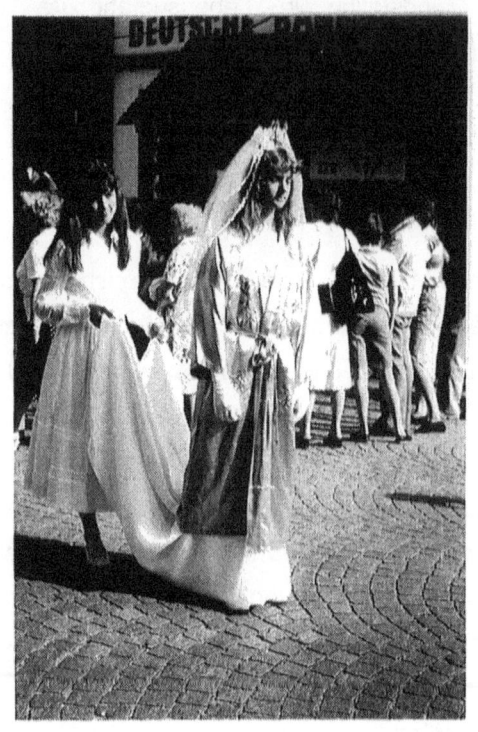

Abb. 1: In prächtige Gewänder gekleidet , kommt in Andersens **Reisekamerad** die Königsstochter ihrem Bräutigam entgegen .

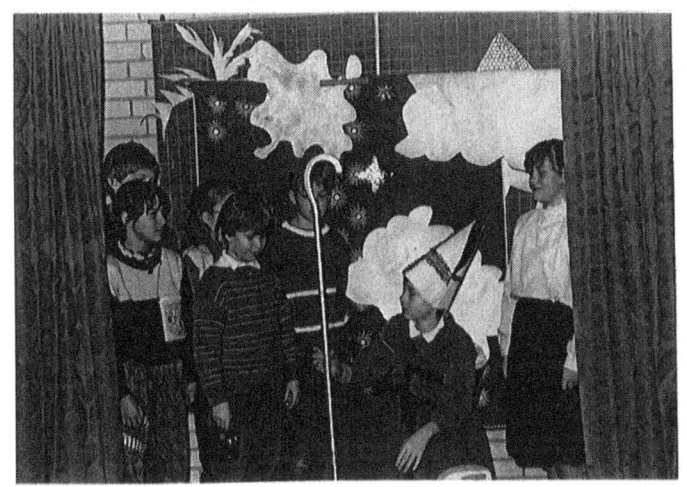

Abb. 2: In Kästners **'Fliegendem Klassenzimmer'** empfängt der heilige Petrus die Schüler im Himmel.

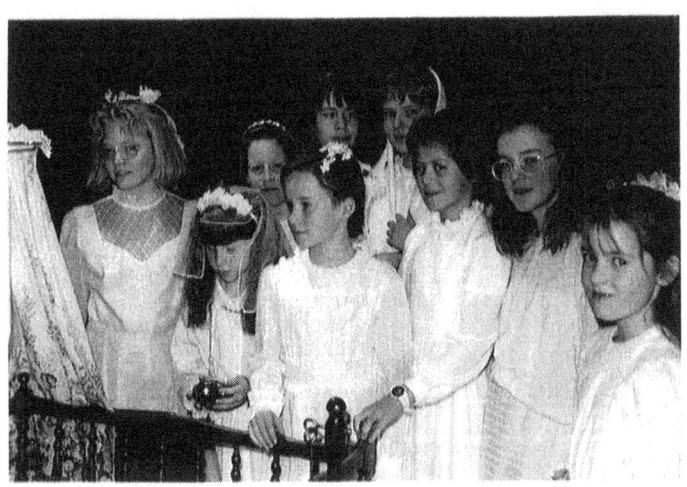

Abb. 3 Gute Feen segnen Jung Gero bei seiner Geburt

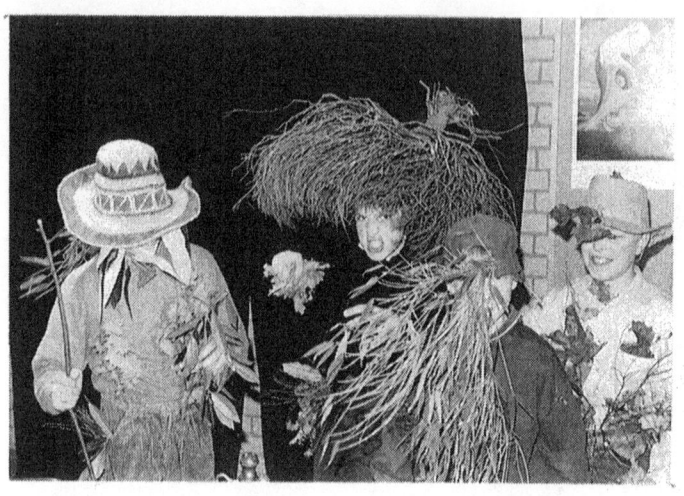

Abb.4 : Kobolde verwünschen den kleinen Prinzen in ('Jung Gerold und die Feen von Geroldseck')

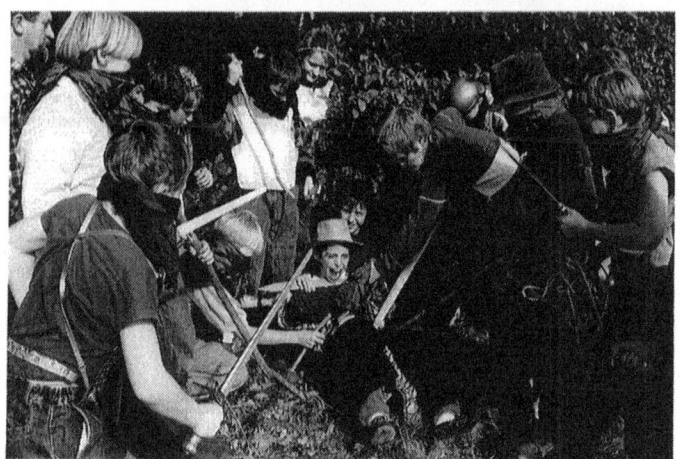

Abb. 5: Der Geroldsecker wird von den Reisigen des Lützelhardter Burgherrn entführt.

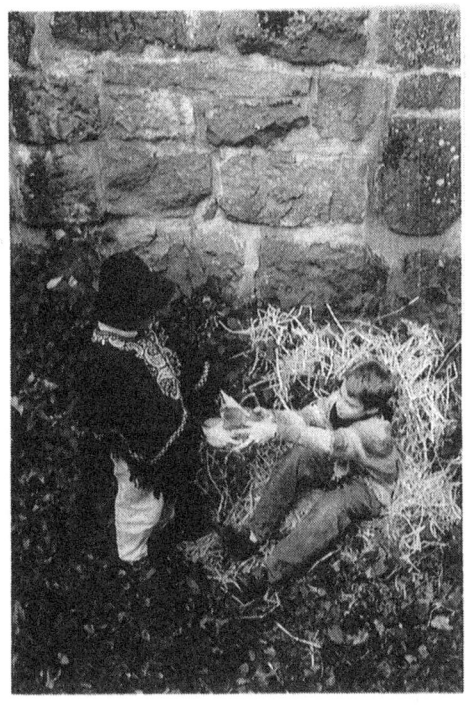

Abb.6 Zwei Jahre schmachtet Gero im Burgverlies auf der Lützelhardt.

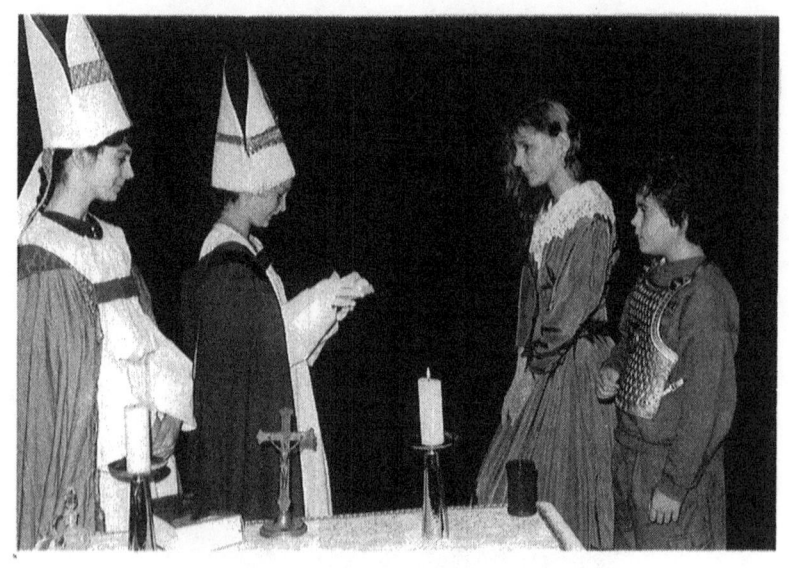

Abb. 7 Bei der Verfilmung **'Die Geisterhochzeit'** nehmen zwei weibliche Bischöfe die Trauung vor .

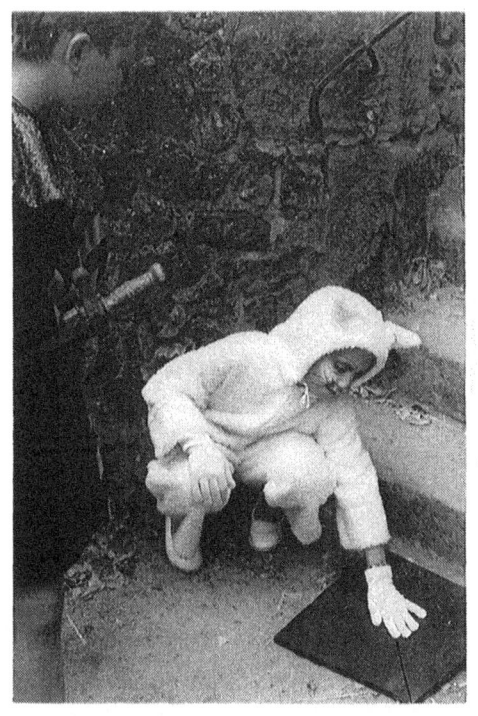

Abb. 8: Die weiße Katze zeigt Gero den Schlüssel zum Burgverließ , wo seine Braut gefangen gehalten wird .

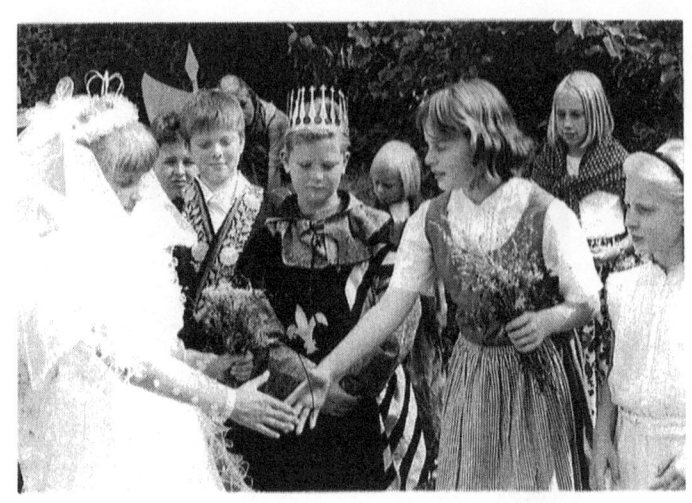

Abb. 9 Glück und Segen wünschen die Geroldsecker Bürger dem frisch vermählten Paar (in : **'Die weiße Katze'**)

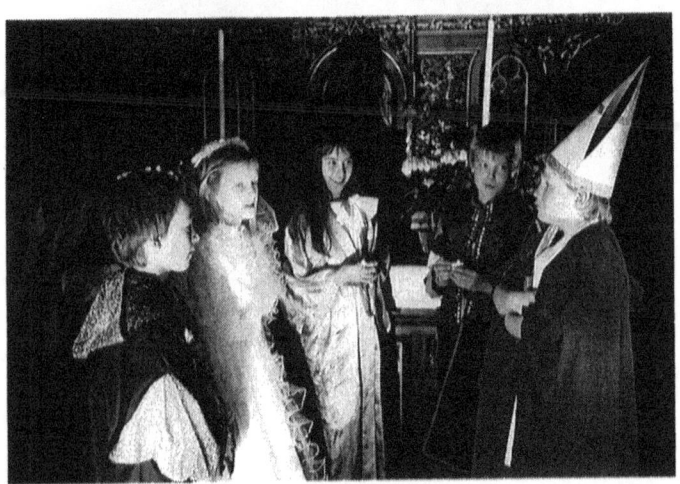

Abb. 10 Der Bischof traut Hadwig von Schauenburg und ihren Gemahl

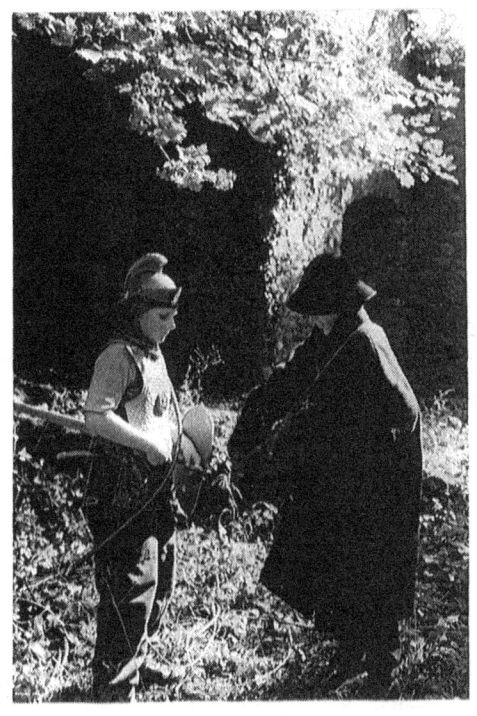

Abb. 11: Kurz vor dem Untergang der Yburg erscheint dem letzten Burgherrn der Teufel in Gestalt eines Pilgers.

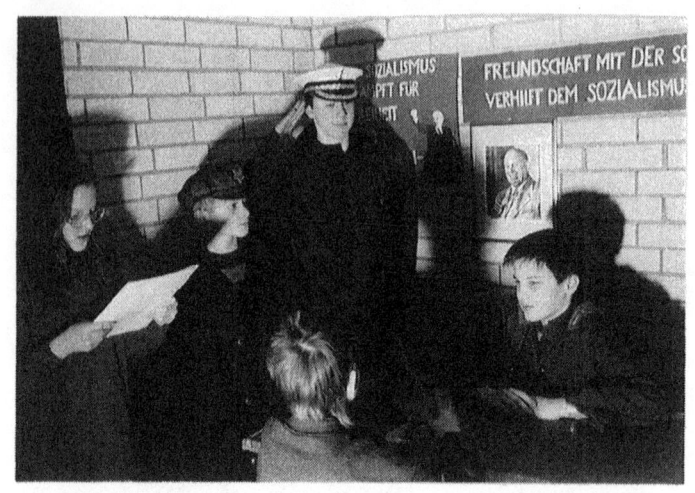

Abb. 12: Ein Offizier des ungarischen Sicherheitsdienstes verhört einen Fischer, dem Fluchthilfe unterstellt wird (Szene aus **'Weihnachten 1956'**)

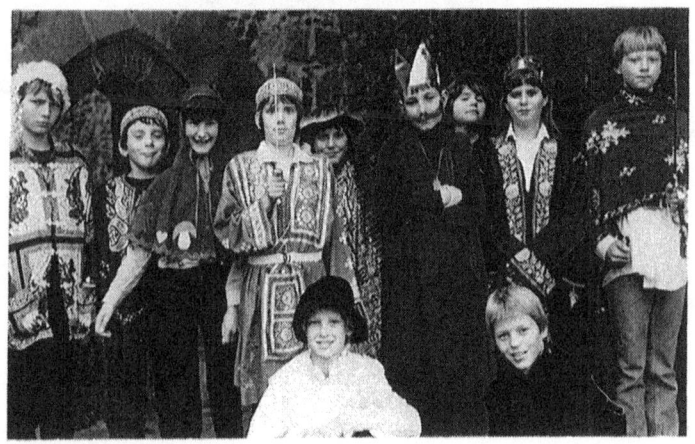

Abb.13: In festlichen Gewändern präsentieren sich die jungen Schauspieler auf der Geroldseck in unserem ersten Film **'Die Goldene Rose'**

10. Von Mitgliedern der A.G. geschriebene Texte

10.1. Die Goldene Rose

Ein Feenmärchen
von Hiltrud Layer

Zur Autorin : Hiltrud Layer hat die Film - AG von den Anfängen im Juli 1982 mit dem von ihr geschriebenen Stück entscheidend mitgestaltet . Außer durch ihre Erzählkunst brachte sie ihre Talente als Regisseurin ein . Hier verstand sie es , mit viel Einfühlungsvermögen die jungen Schauspieler für ihre Rollen zu begeistern und auch schwierige Auftritte wie die Schlussszene 'Die Kinder der Luft' in H.C. Andersens Märchen 'Die kleine Seejungfrau' überzeugend und zu Herzen gehend zu inszenieren . Selbst kurz vor ihrem Tode , schon gezeichnet durch schwere Krankheit , ließ sie es sich nicht nehmen, in Andersens Erzählung 'Das Mädchen , das auf das Brot trat ', eine Nebenrolle zu spielen . Ihr gebührt ganz besonderer Dank und Anerkennung . Ihr früher Tod im Jahr 1993 bedeutet auch für die Film - AG einen unersetzlichen Verlust .

I. Goldfee

Vor langer Zeit lebten in einem fernen Land ein König und eine Königin. Sie hätten glücklich und zufrieden sein können , wenn ihnen nicht eines gefehlt hätte :sie hatten kein Kind , keinen Königssohn. Es bekümmerte den König sehr, dass er vielleicht sterben müsse, ohne seinen Untertanen einen Prinzen zu hinterlassen , der seinen Thron erben würde. Die unermesslichen Schätze, die sein Palast barg , konnten ihn nicht mehr erfreuen , da sich sein Herzenswunsch nicht erfüllte. Noch kummervoller als der König war die Königin. Da sie den König innig liebte, schmerzte es sie besonders, dass sie ihm kein Kind schenken konnte. Traurig saß sie, in kostbare Gewänder gekleidet und   prächtig geschmückt , im Königspalast. ; nur selten gelang es dem König oder ihren Freundinnen , sie zu erheitern oder gar sie zum Lachen zu bringen. Sie verfiel schließlich in düstere Schwermut , aß kaum mehr , verließ ihr Gemach nicht mehr und wurde zuletzt ernsthaft krank , so dass der König für ihr Leben fürchtete. Da er seine schöne Gemahlin sehr lieb hatte, sann er jetzt nur noch darauf, sie wieder gesund zu machen ; die Sorge um sie drängte sein früheres Verlangen nach einem Prinzen zurück , ja er verwünschte nicht selten ihrer beider übermäßige Sehnsucht nach einem Kind und seine eigene unselige Trauer über die Kinderlosigkeit seiner Gemahlin, die dazu beigetragen hatte, ihr das Herz schwer zu machen. Nun ließ der König die berühmtesten Ärzte des Landes an seinen Hof kommen , und er versprach demjenigen , der die Königin von ihrer Krankheit heile , die Hälfte seiner Schätze und das höchste Ehrenamt an seinem Hof. Einer nach dem anderen versuchte seine ärztliche

Kunst an der kranken Königin , doch niemand vermochte sie von ihrem Trübsinn zu heilen. Im Gegenteil , die Mittel, welche die Ärzte zu ihrer Heilung anwandten, schwächten sie sehr ; und ihre Schwäche nahm so zu, dass alle auf ihren baldigen Tod gefasst waren. Eines Nachmittags saß der König lange am Bett seiner Königin; sie sprach nicht mehr, sie nahm kaum die Gegenwart ihres Gemahls wahr , blickte ihn höchstens hin und wieder wieder aus düsteren Augen an , starrte aber meist trübe vor sich hin. Als der König die Kranke verlassen hatte, hielt es ihn nicht länger in seinem Palast. Er schickte alle seine Diener aus seiner Nähe fort , vertauschte sein Prunkkleid gegen einen einfachen Hirtenmantel und verließ heimlich das Schloss durch eine Seitenpforte. In seiner Verzweiflung strebte er blindlings vorwärts und merkte nicht, dass er jede menschliche Behausung hinter sich zurückließ . Erst als dichte Tannenzweige ihm das Gesicht zerkratzten und dornige Sträucher ihm Arme und Beine blutig rissen , sah er auf : er befand sich in einem finsteren Wald , die Nacht war hereingebrochen . Der König wusste nicht , wo er war. Nachdem er eine Weile im Wald umhergeirrt war, stieß er auf eine Waldlichtung ,die silberhell vom Mondlicht beschienen war. Da erblickte er mitten auf dem Platz eine einsame, hohe, hagere Gestalt , die langsam auf ihn zuschritt. Es war ein uralter Mann mit schlohweißem Haar. Dicht vor dem König blieb der Alte stehen und schaute ihn durchdringend an : "Was tust du hier so kurz vor Mitternacht ?" Der König erzählte von seinem Unglück. "Weißt du denn nicht", sprach der Alte, "dass du im Reich der Feen bist? Unter ihnen wohnt eine gute Fee, Goldfee genannt . Rufe sie an, klage ihr dein Leid und bitte sie um Hilfe. Ich wünsche dir dazu Glück." Der Alte neigte grüßend sein Haupt und ging über die Lichtung hinweg in die Richtung , aus der er gekommen war , winkte dem König noch einmal und entschwand dann langsam seinen Blicken. Als der König wieder allein war, wunderte er sich sehr über diese seltsame Begegnung. Eine schwache Hoffnung erfüllte sein Herz. Die Goldfee sollte er um Hilfe anflehen ? Goldfee... Erst rief er leise und zaghaft ihren Namen , so dass die große Stille der schwarzen Tannen seine Stimme fast verschluckte , dann lauter , schließlich so stark , dass von nahen und ferneren Felsen seine Rufe zurückhallten und die dunkle Nacht von einem einzigen anhaltenden Schrei erfüllt war . Doch nichts geschah; die Goldfee kam nicht , der schwarze Tann blieb stumm , nicht einmal die Tiere regten sich , es umgab den Rufenden nur immer das tiefe Schweigen des Waldes . Eine große Mutlosigkeit bemächtigte sich des Königs, die seine Glieder lähmte ; seine Rufe wurden schwächer, seine Stimme erstarb , er verstummte zuletzt ganz. Er fühlte sich plötzlich sehr müde , ließ sich auf ein Moospolster fallen und schlief sofort ein.

Um diese nächtliche Stunde schliefen auch im Königsschloss alle außer der Königin. Sie saß aufrecht in ihrem Bett und dachte nach. Es war ihr, als habe sie einen schönen Traum gehabt : Sie hatte ein wunderschönes goldenes Licht gesehen

, und aus dem Licht hatte eine liebliche Stimme zu ihr gesprochen : "Steige auf den höchsten Turm des Schlosses, dorthin , wo Eulen und Fledermäuse hausen hoch hinaus bis auf das Dach. Dort findest du zwischen Moos und Gräsern eine weiße Blüte , iss sie , und du wirst eine große Freude erleben." Und in dem goldenen Licht zeichnete sich bei diesen Worten eine zarte Sternblüte auf grünem Grund ab, sie wuchs ins Riesenhafte , ließ das Gold zurücktreten und erfüllte alles mit feinem Duft, der die Königin in eine solche Erregung versetzte, dass sie aufwachte. Sie wusste zwar nicht, welche Art von Freude ihr zuteil werden sollte, aber sie sehnte sich nach Freude , nur hatte ihr bisher nichts dazu verhelfen können. So beschloss sie , dem Traumbild zu gehorchen. Sie erhob sich von ihrem Lager , warf einen blauen Mantel um und eilte zu dem höchsten Turm des Palastes. Da sie noch sehr schwach war, trugen sie ihre Füße kaum ; sie strauchelte und fiel öfters hin. Wenn sie dann am Boden kauerte und sie fürchten musste, die Kraft könne ihr fehlen, ihr Vorhaben auszuführen , so glaubte sie , den einzigartigen Duft der Blume einzuatmen ; sie stand wieder auf und hastete vorwärts, dem Turme zu . Im Turm war es stockfinster; nur wenige schmale Fensteröffnungen ließen das helle Mondlicht in spärlichem Strahl auf die Steintreppen einfallen. Außerdem herrschte im Turm reges Leben: Mäuse und Ratten pfiffen , Käuzchen schrien, und Fledermäuse huschten umher. Die Dunkelheit und die nächtlichen Geräusche erschreckten die Königin sehr , die

Zeit schien ihr stillzustehen; sie meinte, sie ersteige eine Treppenstufe nach der anderen , ohne je an ein Ziel zu gelangen. Doch dann spürte sie auf ihrer Haut die frische Kühle der Nacht , ein paar Stufen noch ,und sie stand auf dem flachen, von Zinnen umgebenen Turmdach . Ihre Augen mussten sich erst an die Lichtfülle gewöhnen , bevor sie begann , nach dem versprochenen Kraut zu suchen. Eine ganze Weile sah sie nur grünes Gras und grünes Moos , und schon wollte sie sich enttäuscht abwenden . Da streiften ihre Blicke einen ihr bisher verborgen gebliebenen Winkel. Dort rankte eine unscheinbare Pflanze , deren Stiel einen weißen Stern trug , der einen wunderbaren Duft ausströmte . Die Königin pflückte die Blüte und aß sie . Da fühlte sie , wie ein Feuer sie durchglühte , aber nicht verbrannte , sondern sie mit neuer Kraft erfüllte. Da wusste sie , dass sie geheilt war. Sie fragte nicht , wie dies möglich geworden sei , sondern freute sich des neu geschenkten Lebens . Lange saß sie auf dem Dach und verließ den Turm erst beim Morgengrauen. Sie freute sich auf das Wiedersehen mit dem König und eilte in seine Gemächer , und Angst befiel sie , als sie ihn nicht nicht fand. Sie suchte ihn an allen Orten des Palastes . Im Schlossgarten sah sie zwei einfach gekleidete Männer . Der eine lief ihr entgegen und schloss sie in seine Arme . Es war der König , den ein Holzfäller bei Tagesanbruch im Wald gefunden und ins Schloss zurückgeführt hatte .

Ein Jahr danach gebar die Königin einen Prinzen . Im Königsschloss wurde am Tag der Geburt des Kindes ein großes Fest gefeiert bis tief in die Nacht hinein. Die Königin lag mit ihrem Kind in einem etwas entlegenen Teil des Palastes , damit der Festjubel sie in ihrer Ruhe nicht störe. Während sie schlief , öffnete sich plötzlich die dicke Mauer, und aus einem goldenen Licht trat eine schöne Frau heraus. Über ihren weißen Schleier fielen dichte , goldene Haare bis auf den Boden herab. Sie ging an die Wiege des Kindes , beugte sich lächelnd darüber und streichelte dem Kleinen über Gesicht und Haar. Unter der zarten Berührung wurden die flaumigen Härchen des Kindes golden. Sie küsste es noch flüchtig auf die Wange , dann erlosch das Licht , und die Fee war verschwunden. Sie weilte bereits an einer anderen Wiege , an der das neugeborene Töchterchen eines Gärtnerehepaares , das weit draußen am Waldrand wohnte . Sie legte auf das Bettchen eine zierlich gearbeitete goldene Rosenknospe und küsste die winzigen Hände des kleinen Mädchens. Dann zog sie weiter durch das Land und beglückte hier und dort die Menschen , wie es ihr gut schien. Als der Morgen graute , musste sie zu ihren Schwestern in das Feenreich zurückkehren; erst nach zwanzig Jahren durfte sie wiederkommen. Dafür hatte sie sich vom Geisterkönig das Recht erwirkt , den Menschen im Traum zu erscheinen.

Die Goldfee war in der ersten Nacht nach seiner Geburt nicht die einzige Besucherin des Prinzen geblieben. Kaum hatte sich die gute Fee entfernt , als sich die Wand von neuen auftat und in kühler Helle eine andere Frauengestalt den Raum betrat . Ihre Haut schimmerte wie Eis , ein silberner Schuppenpanzer bedeckte den Körper , und darüber ringelten sich wie Schlangen veilchenfarbene Haare ; Mund und Augen leuchteten wie schwarze Kohlen . Sie näherte sich dem Kinderbettchen , bückte sich und blies dem Prinzen aus ihrem Kohlenmund eine rußige Rauchwolke entgegen , so dass das Gesichtchen rabenschwarz davon wurde ; die goldenen Haare allerdings konnte sie nicht schwärzen . Danach zog sie ein feuerrotes Tuch hervor und schüttelte es dreimal. Jedesmal flogen drei riesige, pechschwarze , schwefeläugige Vögel heraus. Die böse Fee öffnete ihnen ein Fenster und sagte : "Meine lieben Söhnchen , wir wollen dem König und seinen ehrenwerten Gästen ein wenig Angst einjagen !" Darauf schaute sie nochmals auf das geschwärzte Kindergesichtchen , lachte böse auf und verschwand mit dem Vorsatz , das Königskind in zehn Jahren , wenn sie wiederkommen durfte , völlig zu verderben .

Inzwischen flogen neun große , schwarze Vögel laut und unheilvoll krächzend um das Königsschloss. Im fröhlichen Trubel des Festes hörte man das Gekrächze zunächst nicht , dann aber wurden einige besonders ängstliche und abergläubische Gemüter auf die schwarzen Boten , die ihre Kreise um das Schloss zogen, aufmerksam , und flüsternd gab einer dem andern die Beobachtung weiter , die so unheimlich anmutete. Schließlich wussten es alle, die fröhlichen Stimmen im Saal verstummten, und plötzlich herrschte Totenstille im Festsaal; nur die Schreie der vorbeifliegenden Raben ertönten in der schweigenden Runde. Die Menschen erbleichten. Der König fasste sich zuerst. Er fürchtete, seiner Gemahlin oder dem Kind könne etwas Schlimmes passiert sein ; er stand auf und eilte zu ihrem Schlafgemach. Wer Mut hatte, folgte ihm nach ; die anderen stahlen sich leise aus dem Schloss. Sie wollten nicht länger in einem Haus zugegen sein, dem offensichtlich Unheil drohte. Der König stürzte ins Zimmer der Königin. Sie lag friedlich schlafend in ihrem Bett, neben ihr in der Wiege das Kind. Es hatte goldene Haare und ein schwarzes Gesicht. Der König und die Umstehenden erschraken, dann tauchte der König rasch ein Taschentuch in klares Wasser und wusch das Gesicht seines Kindes. Es wurde wieder hell, doch blieb ein dunkles Mal auf seiner Wange zurück.

II. Schwarzlöckchen und Goldhaar

Die Jahre vergingen. Aus dem winzigen neugeborenen Prinzlein wurde ein schöner, kräftiger, kluger Königssohn, an dem die Eltern ihre Freude hatten. Trotz seiner Liebenswürdigkeit hatte er keine Freunde. Die merkwürdige Begebenheit am Tag seiner Geburt hatte sich im ganzen

Königreich herumgesprochen. Niemand wollte seine Kinder mit dem Prinzen spielen lassen , da man fürchtete, der schwarze Prinz könne seine Gespielen ins Unglück stürzen . So war Goldhaar , wenn seine Mutter nicht gerade mit ihm spielte, allein. Aber er war nicht unglücklich darüber. Er sprang oft fort, aus dem Schloss , aus dem Park und vergnügte sich in Wiese , Feld und Wald . Dort gewann er sich liebe Spielgefährten : Blumen , Mäuse ,Schlangen , Eidechsen , Hasen , Eichhörnchen , Rehe und viele Vögel . Die Tiere hatten keine Angst vor ihm , weil sie spürten , dass er sie gern hatte; und es währte nicht lange, so lernte er ihre Sprache verstehen. Der König hätte Goldhaar lieber öfters im Schloss gehabt , um ihn wie einen Prinzen erziehen zu lassen , anstatt ihn in der Natur umherschweifen zu sehen. Doch die Königin wusste ihren Gatten immer zu überzeugen , dass die Erziehung zum König noch lange Zeit habe und dass ein Kind seine Freiheit genießen solle . So kam der zehnte Geburtstag des Prinzen heran. Als noch alles schlief , stand Goldhaar bereits auf , nahm unter beide Arme zwei große Säcke voll Heu , auf den Rücken einen Sack voller Körner und ging damit zum Waldrand . Er hatte seinen Freunden , den Tieren , versprochen , ihnen bei kaltem Frost Futter zu bringen . Sie erwarteten ihn schon ; er streute das Futter auf die Erde hin und machte sich schnell auf den Heimweg , denn er musste ja zur Feier seines Geburtstages rechtzeitig im Schloss sein . Da sah er unterwegs nicht weit von sich einen Vogel sitzen ,dessen Gefieder in der blassen

Wintersonne silbern erglänzte. Goldhaar rief ihn an , da flog der Vogel auf eine hohe Kiefer . Der Junge hatte diesen Vogel noch nie gesehen; es reizte ihn deshalb, ihn näher zu betrachten und mit ihm zu sprechen . Er kletterte auf den Baum, höher und höher, bis er ganz nahe bei dem fremden Vogel angelangt war . Er sprach ihn freundlich an , aber der Vogel antwortete nicht , sondern schaute ihn böse an . Plötzlich fing er an zu wachsen , solange , bis sein krummer Schnabel , der durchsichtig schimmerte wie Eis , die Größe eines Säbels erreicht hastte. Mit der Eiswaffe fuhr der Vogel auf den Prinzen los , stieß ihn von seinem Ast herab und schickte dem Fallenden ein böses Lachen nach . Büsche am Fuß der Kiefer milderten den furchtbaren Sturz Goldhaars etwas . Nach einiger Zeit fanden Knechte , die der König zum Suchen ausgeschickt hatte , den leblosen , fast erfrorenen Körper Goldhaars und brachten ihn ins Schloss.

An diesem Tag feierte auch ein anderes Kind seinen zehnten Geburtstag . Schwarzlöckchen riefen es die Leute , seiner schönen schwarzen Haare wegen , die auf seine Schultern fielen . Schwarzlöckchen lebte schon über ein Jahr lang allein mit ihrer älteren Schwester in dem Gartenhäuschen , denn ihre Eltern waren gestorben . Die Schwester versorgte für beide den Haushalt . Schwarzlöckchen pflanzte Blumen und verkaufte sie. In dieser Gärtnerei ging es mit wunderbaren Dingen zu : selbst wenn das Mädchen nur wenige Körner gesät hatte , wuchsen so viele Pflanzen , als hätte sie das Zehnfache an

Körnern gesät . Außerdem wuchsen in ihrem Garten allerlei seltsame Kräuter , die sie nicht mit eigener Hand gepflanzt hatte , sondern die wild wucherten . Schwarzlöckchen fand heraus , dass es Heilkräuter waren . Und wenn ihr gemeldet wurde , dass einer ihrer Nachbarn krank war , ergriff sie mit sicherer Gewissheit die richtige Heilpflanze und machte den Kranken gesund. Schwarzlöckchen kam diese wunderbare Gabe ganz natürlich vor ; die Leute aber staunten und schüttelten die Köpfe und fragten sich , ob Schwarzlöckchen vielleicht eine kleine Zauberin sei. Sie wussten nicht , dass eine gute Fee ihr bei der Geburt die Hände geküsst hatte . In der Nacht nach ihrem zehnten Geburtstag träumte Schwarzlöckchen folgendes :Sie sah ein mächtiges , schwarzes Felsenmassiv . Vor diesem Felsen schwebte ein goldenes Licht, das anfing zu sprechen : "Öffne das Kästchen , das deine Mutter auf dem Sterbebett dir anvertraut hat. Den Inhalt brauchst du schon jetzt, nicht erst als Schmuck für dein Brautkleid. Dazu pflücke alle Heilpflanzen , die in deinem Garten wachsen. Dann mache dich auf den Weg und komm hierher . Wenn du vor dem Felsen stehst, so wirf den Strauß an die Felswand !" Als Schwarzlöckchen aufwachte , fragte sie sich, wie sie zu dem Felsen gelangen könne, den sie noch nie gesehen hatte. Jedenfalls nahm sie zunächst das Kästchen und öffnete es . Wie staunte das Mädchen , als es die goldene Rosenknospe erblickte ! Sie befestigte sie an ihrem Kleid , ging in den Garten und pflückte alle Heilpflanzen zu einem großen

Strauß. Dann überlegte sie, welche Richtung sie zu dem Felsen einschlagen müsse. In ihrer Ratlosigkeit sah sie die Rosenknospe an und bemerkte, dass eine seltsame Veränderung mit ihr vorgegangen war. Die Knospe hatte ihre goldenen Blätter entfaltet und einen wasserhellen Edelstein enthüllt, der im Sonnenlicht blitzte. Die Blätter klangen leise im Wind und raunten Schwarzlöckchen zu : "Ich führe dich ." Und schon wurde das Mädchen wie von sanfter Gewalt entführt, aus dem Garten, in den nahen Wald, immer weiter, durch eine öde Felslandschaft, bis zu dem im Traum gezeigten Felsengebirge. Zuerst hatte Schwarzlöckchen allein im dunklen Wald und in der Einsamkeit der grauen Felswüste Angst gehabt, aber wenn sie die goldene Rose anschaute, vergaß sie die Angst und wartete neugierig auf das Kommmende. Vor dem schwarzen Fels blieb sie stehen und warf mit ihrer ganzen Kraft den Strauß gegen die Felswand. In dem Augenblick, als der Strauß den Stein berührte, krachte unter gewaltigem Donnergetöse der Fels auseinander, und weithin hallte das Echo des furchtbaren Donnerschlages. Als wieder Stille über der Felslandschaft herrschte, kam Schwarzlöckchen von seiner Betäubung wieder zu sich. Mitten in den auseinandergerissenen Felsen lag wie ein blauer Edelstein ein kleiner, kreisrunder See. Als sie sich von ihrem Erstaunen erholt hatte, zeigte ihr die Rose den Weg nach Hause zurück. Ihrer Schwester verschwieg sie, was sie erlebt hatte, zumal

diese von ihrer Abwesenheit anscheinend nichts bemerkt hatte .
Die goldene Rose steckte sie unter ihr Kopfkissen .
Nach drei Jahren wurde Schwarzlöckchen früh morgens von ihrer Rose geweckt : "Nimm , was in dem Dornbusch vor der Haustür hängt , und wirf es in den See !" Das Mädchen stand auf , lief zum Dornenstrauch und befreite behutsam einen kleinen Vogel , der sich mit seinen Flügeln in der Hecke verfangen hatte . Sein weißes Gefieder war stellenweise von Blut gerötet , seine Schwanzfedern glänzten golden. Die langen Dornen hatten sich tief in den kleinen Körper eingegraben , und das Tierchen regte sich kaum mehr . Mit Hilfe der Rose fand das Mädchen den See wieder . Sie warf den Vogel in die Mitte des Sees hinab und wartete darauf , dass er in der Wassertiefe versinke. Er sank aber nicht , er trieb zunächst leblos auf der Wasseroberfläche , schüttelte sich nach einer Weile , hob seine Flügel und schwang sich in die Luft bis hoch hinauf in die Wolken . Als er nicht mehr zu sehen war , kehrte Schwarzlöckchen heim . Nach drei Jahren weckte sie die goldene Rose abermals , sagte dieses Mal aber nur : "Geh an den See!" So machte sich Schwarzlöckchen zum dritten Mal auf den Weg zu ihrem geheimnisvollen Bergsee.

Wie war es inzwischen Goldhaar ergangen ? Lebte er noch ? Viele Ärzte hatten nach seinem Sturz um sein Leben gekämpft. Schließlich kehrte sein Bewusstsein zurück , seine Wunden und Brüche heilten , und er lernte , wenn auch sehr mühsam , auf zwei Krücken gehen. Wollte er ins Freie , so trug ihn ein Knecht in den Schlossgarten . Was früher seine Freude gewesen war , das konnte er nun nicht mehr tun : in den Wäldern , auf den Wiesen und Feldern konnte er nicht mehr umherstreifen , seine Spielgefährten , die Tiere konnte er nicht mehr besuchen . Hasen und Rehe wagten es aus Furcht vor den Menschen nicht, zu Goldhaar in den Schlossgarten zu kommen ; höchstens die Vögel ließen sich auf den Zweigen der Parkbäume nieder und erzählten Geschichten vom Wald , von den Tieren und von den Blumen . Sie hüpften aber nicht mehr wie früher Goldhaar auf Hände und Schultern , die Nähe des Schlosses machte sie scheu . Nach einiger Zeit vermisste der Prinz das freie Leben in der Natur nicht mehr so sehr. Denn sein wirkliches Leben vollzog sich nicht mehr am Tag, sondern in der Nacht , im Traum . Nachts im Traum, erlebte er Wunderbares , nie Gehörtes an Farben und Musik. Hätte er jedoch jemanden seine Traumerlebnisse beschreiben sollen , er hätte es nicht vermocht . So war er auch nie traurig , denn er freute sich jeden Tag auf die Wunder der Nacht . Nach einigen Jahren träumte Goldhaar etwas , was sich in Worten erzählen lässt . Er sah dieses Mal nichts , hörte aber eine deutliche Stimme : "Morgen wirst du nicht im Palast aufwachen , sondern an einem fremden Platz. Dort wirst du einen Begleiter finden . " Als Goldhaar aufwachte , befand er sich in einer öden , steinigen Gegend . Er sah sich nach dem versprochenen Begleiter um . Da zwitscherte ein weißes Vögelchen mit goldenen Schwanzfedern zu seinen Füßen: "Komm mit!"

Unter großer Anstrengung humpelte Goldhaar langsam dem voraustrippelnden Vöglein nach , das ihn immer weiter bergauf führte . Kurz vor der Höhe verfehlte die eine seiner Krücken den festen Halt auf dem felsigen Untergrund , Goldhaar glitt aus und stürzte ab . Der kleine Vogel wuchs plötzlich , breitete seine Flügel aus , flog schneller , als Goldhaar fiel , und fing ihn mit seinen breiten , kräftigen Schwingen auf. Wenig später setzte der Vogel seine Last auf einer Felsplatte ab . Goldhaar richtete sich auf . Vor ihm stand ein schönes , schwarzlockiges Mädchen . Die goldene Rose sagte leise zu dem Mädchen : "Stoße den , der vor dir steht , in den See !" Schwarzlöckchen tat so , als hörte sie es nicht , und sah sich den Jungen an . Ihr gefielen seine sanften ,grauen Augen und seine golden leuchtenden Haare . Scheu strich sie kurz darüber hin, lächelte und sagte : "Deine Haare sind noch schöner als pures Gold." - "Ich bin Goldhaar ." - "Und ich bin Schwarzlöckchen" , stellte sich das Mädchen vor und bemerkte die Krücken , auf die sich Goldhaar stützte . " Was ist das ? Wozu brauchst du sie ?" fragte sie ihn voller Erschrecken ."Ohne sie kann ich nicht gehen , nicht einmal stehen." - "Dann darfst du nicht stehen , komm , setz dich hier auf den Stein , er ist sicher warm von der Sonne." Und beide setzten sich nebeneiander auf die flache Steinplatte , hart am Abgrund . Und als hätte jeder der beiden Angst , den anderen an ihn zu verlieren , fassten sie sich fest an den Händen . Da mahnte die goldene Rose : "Stoße ihn jetzt rasch ins Wasser , damit es vorüber ist !" Abermals verhielt sich

Schwarzlöckchen so , als habe sie nichts gehört . Sie wandte sich Goldhaar zu , deutete auf seine Krücken und fragte leise : "Ist es sehr schlimm ?" - "Alle Menschen denken , es sei furchtbar schlimm. Weißt du, ich habe dafür etwas , was andere nicht haben , ich habe nachts die schönsten Träume." - "Was träumst du denn , Goldhaar?" , fragte das Mädchen . "Was ich träume , ist so wunderschön , dass ich es nicht ausdrücken kann", antwortete Goldhaar. Beide schwiegen . In das Schweigen sagte die Rose zum dritten Mal , und zwar so laut und befehlend , dass Goldhaar es mithörte : "Stoße ihn in den See! Wenn du es nicht sofort tust, seid ihr beide füreinander für immer verloren. " Goldhaar sah Schwarzlöckchen angstvoll an. Schwarzlöckchen erkannte, dass sie gehorchen musste , so bitter es für sie auch wurde. Sie nahm ihren ganzen Willen und ihre ganze Kraft zusammen , packte Goldhaar fest an den Schultern, schloss die Augen und stieß ihn in die Tiefe . Das Mädchen hörte das Wasser aufrauschen, es spritzte hoch bis zu ihr hinauf. Sie kauerte sich auf den Stein nieder und vergrub ihr Gesicht in den Armen . Sie weinte. Erst als der Vogel sie mit seinem Schnabel an einer schwarzen Locke zupfte, schaute sie auf. Sie traute ihren Augen kaum : Sie sah den vorher verkrüppelten Goldhaar mit kräftigen Armen den See durchschwimmen , sie sah ihn ans Ufer waten , sie sah mit Freude, wie er kraftvoll die Felswand erklomm und sich schließlich neben ihr niederließ. Als Schwarzlöckchen wieder sprechen konnte , sagte sie : "Ich habe es nicht gern getan." -

"Ich danke dir dafür", erwiderte Goldhaar und warf seine Krücken in den See, in dem sie sofort versanken. "Ich möchte dir etwas von mir schenken, das Beste, was ich besitze", sagte Schwarzlöckchen und reichte Goldhaar die sprechende Rose. "Auch ich möchte dir etwas von mir schenken", sagte Goldhaar, "schau her, der Vogel hat mir ein Ei zurückgelassen, bevor er wegflog." Und er legte in Schwarzlöckchens Hand ein goldenes Ei. Das Ei öffnete sich. Es enthielt einen weiten, blauen, mit Goldborten verzierten Königsmantel, ein Zepter und eine Krone. Schwarzlöckchen hing Goldhaar den Mantel um, gab ihm das Zepter in die Hand, setzte ihm die Krone auf, lachte und sagte; "Jetzt siehst du aus wie ein echter König!" - "Ich bin ein Königssohn, Schwarzlöckchen." - "Du bist ein Königssohn, Goldhaar?" staunte das Mädchen, "warum hast du mir das nicht gleich gesagt?" - "Warum denn, mein liebes Schwarzlöckchen, war das so wichtig?" Und Goldhaar nahm die Krone, deren Zacken zierliche Goldröschen trugen, wieder ab, setzte sie Schwarzlöckchen auf, umarmte und küsste sie. "Du bist jetzt meine Königin. Willst du? Komm bitte mit mir in meinen Palast! Nie habe ich jemanden gehabt, so wie dich." - "Ja ich, will", sagte Schwarzlöckchen.

Bevor sich die beiden Königskinder zum Gehen wandten, wollten sie den heilbringenden See zum Abschied noch einmal grüßen, doch der See war verschwunden, die Felsen hatten sich lautlos über dem Wasser geschlossen. "Dieser See war nur unsretwegen da", sagte Goldhaar, nahm Schwarzlöckchen an der Hand und ging mit ihr in das Glück des hellen Tages hinein .

10.2. Das Goldene Buch
von Dr. Evelyne Enderlein

Ein kleines Haus im Walde ... Die Fenster sind mit fein geschnitzten Holzrahmen geschmückt . Ein älterer Mann und ein kleiner Junge kommen vorbei . Der Junge geht an die Tür heran , probiert , sie zu öffnen , doch vergeblich . Da sagt der Alte : "Gib dir keine Mühe , mein Sohn, diese Tür wirst du nicht öffnen können. Das Haus ist schon lange nicht mehr bewohnt , nur ganz wenige dürfen es betreten . Man nennt es den Tempel oder die Quelle , denn darin wird etwas Heiliges aufbewahrt , nicht jedem wird der Zugang ermöglicht." Junge : "Es ist so still hier , die Stadt ist nicht weit , dort sprudelt das Leben , die Menschen kommen und gehen , doch hier ... scheint die Zeit stehen geblieben zu sein. Wie ruhig , wie langweilig !"
Der Alte : "Glaube nicht , dass es immer so war ,die Menschen strömten hierher, Jungen und Mädchen , Frauen und Männer . Sie suchten hier Hilfe und Rat ,viele behaupteten , sie hätten da ihr wahres Glück erkannt ."
Junge : "Wer wohnte denn hier ?"

Der Alte : "Ein alter Mann mit seiner Frau . Man erzählt , dass sie von weit her gekommen waren , sie waren Fremde im Lande, sie seien ein Herz und eine Seele gewesen . Und beide hätten ein solches Licht und eine solche Freude ausgestrahlt , dass jeder im Dorf froh war , ihnen eine Behausung anbieten zu können. Jeder , der zu ihnen kam , kehrte wie verwandelt in diese Welt zurück . "
Junge : "Wieso denn das ? Waren sie denn Zauberer ?"
Der Alte : "Ich weiß es nicht . Vieles erzählen die Menschen , wovon sie nichts Genaues wissen ."
Junge : "Aber was weißt du , bitte , erzähle es mir !"
Der Alte : "Die Frau ist nun gestorben wie deine Mutter... Der Mann wird wahrscheinlich nicht mehr lange auf dieser Erde verweilen , denn die beiden waren nicht voneinander wegzudenken. Seither sind die Menschen hier unglücklicher geworden . Das alles kann ich aber nicht in Worte fassen , du wirst mir sowieso nicht glauben , lass uns weitergehen... Du hast noch einen langen Weg vor dir , das ganze Leben steht dir noch bevor , ich aber bin alt und müde , du brauchst nicht auf mich zu warten , geh' deinen Weg , mein Sohn , doch erinnere dich , wenn es dir einmal schwer ums Herz wird , denk' an mich. Ich werde dein Unglück fühlen und vielleicht , auch wenn ich nicht mehr auf Erden bin , werden meine guten Gedanken dir helfen. Vertraue deinem Schicksal und vor allem , vergiss nicht, dass die Liebe auf dieser Welt existiert , sie zu suchen - das wird deine wichtigste , aber auch schwierigste Aufgabe sein . "

Da trennten sich der Alte und der Junge.

Nach ein paar Jahren war der Junge ein schöner Jüngling geworden, hoher Wuchs, brillanter Geist, feines Gemüt, tiefgründige Augen - was wollte er mehr? Mehrere Mädchen hatten sich bereits in ihn verliebt, sie schauten ihn sehnsüchtig an, doch keine konnte seine Leidenschaft entflammen. Wozu brauche ich eine solche Schar? dachte der Junge. Eine einzige suche ich, aber die soll mein Ein und Alles sein, Mutter, Schwester und Geliebte soll sie mir sein, für sie würde ich ins Feuer oder ins tiefste Wasser springen, mit ihr würde ich alles Schöne teilen ,unsere Seelen würden für ewig verschmelzen... Sie wird meine Einzige, meine wunderbare Goldfee sein.

Inzwischen war er schon ein Mann geworden. Der Erfolg hatte ihn nüchterner gemacht. - Goldfeen, die gibt es schon lange nicht mehr, die hat es vielleicht auch nie gegeben, es sind nur Kinderbuchgestalten! Lange genug bin ich Träumen nachgegangen, nun ist es höchste Zeit, das richtige Leben zu betreten. Frau und Kinder will ich haben ,und dann wird sich das Glück schon von alleine ergeben!

Gesagt, getan ... Er ging über hohe Berge der Sonne entgegen,, um die blaue Blume zu suchen. Kein Weg war ihm zu steil, und je höher er kam, desto schöner waren die Blumen, die er fand, aber als er sie pflückte, welkten sie rasch dahin, und alles war ihm leer und öde. Er merkte nicht, wie er sich verstieg und vom Wege abgekommen war. Da meinte er, in der Ferne eine besonders schöne Blüte zu entdecken, und ohne auf den Weg zu achten , ging er geradewegs darauf zu über Schneefelder und Gletscher . Er war der Blume zum Greifen nah ,da zog plötzlich dichter Nebel auf , der Boden gab unter seinen Füßen nach , es knirschte und krachte , er stürzte in bodenlose Tiefen , und als er wieder zu sich kam , lag er in einer Eishöhle . Dort wollte er das Ende seiner Tage abwarten . Seine Seele litt schon lange , nun erkrankte auch sein Körper . Er bekam hohes Fieber , und in seinem Wahn erlebte er einen Traum . Aus einem Nebel kamen Elfen hervor, die einen Reigen tanzten . Eine himmlische Musik ertönte , Klänge , die er noch nie gehört hatte . Eine Gestalt trat auf ihn zu , es war der Alte : "Mein Junge , mein Junge ... Warum warst du denn so ungeduldig ? Hast du meine letzten Worte vergessen ? Weißt du noch...es gibt die Liebe auf dieser Welt . Sie zu suchen , das wird deine wichtigste, wenn auch schwierigste Aufgabe sein . Steh auf und geh' in das kleine Haus im Walde ,es war mal unser Haus . Dort haben wir , deine Mutter und ich , unser Glück gelebt und über alle Welten für euch aufbewahrt . Für euch , sage ich , denn dort erwartet dich eine Frau , deine Frau , erinnerst du dich , diejenige , die du Goldfee nanntest . Genauso wie du , hat sie lange vergebens auf dich gewartet , doch nie hat sie aufgegeben und die Hoffnung verloren . Genauso wie du hat sie nun ihr Glück erlitten . Lange warst du noch zu unreif , um unser Vermächtnis zu empfangen. Nun aber ist eure Zeit gekommen ."

Als der junge Mann aufwachte, war seine Stirn mit Schweißperlen bedeckt, er hatte noch Fieber, dennoch stand er auf, denn ein Sonnenstrahl hatte ihn herausgelockt. Vierzig Tage lang blieb er noch in seiner Eishöhle, und jede Nacht besuchte ihn wieder sein Vater und sprach : " Mein Junge, mein Junge, erinnerst du dich nicht ?"

Zur selben Zeit hatte eine junge Frau ihren Mann nach langem, bitteren Leiden verloren. Die Tage vergingen, einer trüber als der andere, und die junge Frau merkte, wie auch ihre Kräfte allmählich schwanden.

"Wie soll es nur weitergehen ? So kalt ist es mir in dieser Welt geworden. Ist denn mein Leben überhaupt noch ein Leben, ist meine Seele vielleicht schon tot ? Das Glück - welch ein Betrug, welch eine Illusion ! - Nun bin ich wirklich alleine ... Der Tod verweilte so lange in meiner Nähe, hat er mich nicht auch angegriffen, woher dieser stechende Schmerz im Bauch ? Ich befinde mich an einer Schwelle : Wohin nun ?"

Erschöpft legte sie sich hin, sie schlief drei Tage und drei Nächte. Da erschien ihr im Traum ein helles Licht, das unendlich viel Wärme und Güte ausstrahlte. Zunächst sah sie alles noch wie durch einen Schleier, aber aus dem Nebel trat eine lichte Gestalt hervor, umgeben von Kindern mit hellen Gewändern. Sie erkannte ihre verstorbene Mutter. Diese sprach : "Du sollst aufstehen, mein Kind. Dein Weg ist noch nicht am Ende, verlier den Mut nicht, es steht dir noch viel Schönes bevor. Du hast es unter unsäglichen, fast deine

Kräfte übersteigenden Opfern verdient . Du hast gelitten und geduldet , du hast dein Schicksal bis zum bitteren Ende angenommen ,du hast deinen verstorbenen Mann trotz allem aufopfernd geliebt , ihm alles verziehen und dich in Liebe getrennt . Deine Qual wird nun ein Ende haben . Glaube mir , ich bin ja deine Mutter , du weißt , mein Herz ist stets bei dir geblieben , obwohl ich mich schon lange vom Leben verabschiedet habe. Glaube mir , die Sonne wird wieder in voller Pracht für dich scheinen , und es wird wieder warm werden , nur musst du ihr Licht suchen , es wird im Leben nichts geschenkt ! Und du darfst nicht zurückschauen , denk an die Zukunft , an das Schöne ! Vergiss nicht nach vorn , nie zurück zu schauen ! Steh nun auf und gehe !"

Hatte in ihr tatsächlich die Stimme ihrer verstorbenen Mutter geklungen oder ertönte einfach ihre ungeheuere Lebenslust ? Wie dem auch sei , sie wusste nun , dass sie ein Ziel hatte und dass sie es bald erreichen würde . Sie hatte von einem Haus im Walde gehört , dort hätte ein Liebespaar Zuflucht gefunden , jahrelang hätte es seine wunderbare Liebe dort gelebt und auch andere daran teilnehmen lassen , so dass ihr Heim ein Hort für Liebesdurstige geworden war . Aus diesem Haus flösse auch eine Liebesquelle , doch sie sei jetzt von Moos bedeckt , keiner könnte sie wieder entdecken .

- Warum sollte ich nicht dorthin gehen ? Ich würde das Häuschen wieder schön gestalten , die Quelle für die Menschen

wieder zugänglich machen . Und wer weiß , vielleicht wird mir selbst mein Glück dort begegnen ?
Es war Nacht , als sie schließlich auf einen Hügel in eine Waldlichtung kam . Dunkel , kalt , unheimlich war es inmitten der rauschenden Bäume . Aber das Häuschen stand da , wie schön , wie harmonisch es war ! Ohne Mühe ging die Tür auf . Die junge Frau ging hinein , ehrfurchtsvoll ,zuerst in die Diele , dann in ein großes Zimmer . Alles war , als wäre es noch bewohnt . .. Plötzlich erblickte sie auf dem Tisch ein großes goldenes Buch .' Unser Leben ' las sie auf dem Titelblatt . Sie nahm das Buch in die Hände und fing an , darin zu blättern . 'Es war einmal ein kleines Mädchen ... schon als Kind war es verträumt und romantisch . Es pflegte zu erzählen , dass es im Traum seine große Liebe schon gesehen hatte : einen wunderbaren Mann - hohen Wuchses , brillanten Geistes , mit feinem Gemüt und tiefgründigen Augen ... Doch diesen Traum vergaß sie bald ... Sie war lebensdurstig ... und sehr früh heiratete sie . .. Doch einige Jahre später starb ihr Mann an einer unheilbaren Krankheit ... '
Die junge Frau machte rasch das Buch wieder zu , sie fing an , laut zu atmen , ihre Augen erfüllten sich mit Tränen , ihre Hände zitterten - diese Seiten erzählten ihr Leben ! In diesem Augenblick verstand sie , dass vor ihr das Buch der Liebe lag , jenes Buch , in dem das Schicksal der Liebenden niedergeschrieben wird ... von Generation zu Generation ,

wieviel Freude und Leid wurde darin zum Ausdruck gebracht ! Immer wieder anders und doch immer wieder dasselbe ...
Nun sollte sie also die neue Herrin dieses Hauses werden ? War es denn möglich ? Hatte sie dieses Glück verdient ?

Sie stand da am Tisch , fassungslos , dicke Tränen fielen auf den Boden , doch sie wagte nicht , den Kopf zu heben - denn sie wusste : Er war da , ihr Traum neben ihr , und sie wartete nur darauf , dass sie ihn erkannte und ihn umarmte .

10.3 Die Rückkehr der Dinosaurier
von Mario Hetzel

Der kleine Alex war ein schlauer Junge. Er wusste sehr viel über Dinosaurier . An seinem Geburtstag lud er seine Freunde zu einer Dinotorte ein . Er erzählte ihnen seinen Berufswunsch , als er einen T - Rex und ein Dinoposter als Geschenke erhielt: "O Toll ! Ich interessiere mich sehr für Dinosaurier . Daher will ich Paläontologe werden ".
Tom : " Was ist das , Paläontologe ? "
Alex : " Das ist ein ..."
Tobias : "Sind das die , die die Skelette für Museen zusammenbauen ?"
Alex : "Naja, so ähnlich . Er gräbt Knochen aus und rekonstruiert sie . Die Knochen von ausgestorbenen Tieren , den Dinosauriern . Sie sind versteinert oder als Fachausdruck fossil .
Heike : "Das kapiere ich nicht . Kommt , lasst uns über etwas anderes reden , sonst bekommst du noch Alpträume."
Nina : "Kannst du uns deine anderen Geschenke zeigen ?"
Abends spielt er mit den Plastikdinos .
Seine Mutter : "Alex , es ist höchste Zeit , du musst jetzt ins Bett! "
Alex geht ins Bett . Nach kurzer Zeit schleicht er aus dem Bett und schaut nach , ob die Mutter weg ist . Dann nimmt er das Dinobuch aus dem Regal und liest mit einer Taschenlampe

unter der Decke. Doch bald schläft er ein. Er träumte, er wäre auf einer Wiese. Da kam plötzlich ein Velociraptor aus einem Strauch. Alex erschrak und rannte davon. Da stolperte er und fiel hin. Der Velociraptor kam immer näher. Jetzt ist es aus, dachte Alex. Doch als der Velociraptor sich zu ihm hinunterbeugte, sagte er: " Steh' auf, ich tu' dir nichts. Du bist im Land der Dinosaurier. Hier leben die Raub - und die Vegetariosaurier in Eintracht zusammen. Setz' dich auf meinen Rücken! Ich bringe dich zu den anderen Dinos .Alex setzte sich auf den Rückken des Velociraptors. Nun rannte der Dino in Windeseile über die Wiese in den Wald hinein. Fast hätte sich Alex den Kopf angeschlagen. Doch er duckte sich im letzten Augenblick. In der Mitte des Waldes setzte ihn der Velociraptor ab und führte ihn in eine Höhle. Dort sah der Junge einen riesengroßen Brachiosaurier, einen Iguanodon, einen Stegosaurus, einen Parasaurolophus, einen gefährlichen Tyrannosaurus und einen Deinonychus miteinander plaudern. Alex (stotternd) :"Das ... das ist ja unglaublich!"
Erst in diesem Moment bemerkten die Dinos Alex.
"Oh, ein Mensch, seht Euch das an, ein Mensch!" rief ein weiser alter Dimetrodon. " Dass ich das noch erleben darf! Komm' doch rüber, mein Junge, und erzähl' etwas von deiner Zeit!"
Der Junge sah die Tiere verwirrt an. Dann sagte er :

"Normalerweise dürftet ihr gar nicht zusammen leben . Dieser Tyrannosaurus lebt doch in der Kreidezeit . Und der Stego im Jura , der Dimetrodon in der Perm , oder ?"
"Das ist eine lange Geschichte. Komm mit ! Wir zeigen dir des Rätsels Lösung", antwortete der T - Rex . Die Dinos führten ihn in einen Raum . Dort sah er einen Berg Diamanten. Nun sprach der Dimetrodon : "Im Moment bist du ungefähr 50 Milliarden Lichtjahre von der Erde entfernt . Jeder von uns hat einen solchen Diamanten . Damit können wir durch Raum und Zeit springen . "
Alex : "Aha , darum seid ihr hier zusammen . Ihr seid auf einem beliebigen Planeten und könnt ihn , wenn ihr wollt , wechseln."
Nach dem letzten Satz sah er die Dinos nur ganz verschwommen . Seine Mutter kam zur Tür herein und rief : " Aufstehen , Alex , du musst zur Schule ! " Als er aufstand , maulte er : " Ach Mama , jetzt konnte ich die Dinos nicht fragen , ob sie Warm - oder Kaltblüter sind. Aber diese Frage bleibt wohl immer ungeklärt ."

10.4. Der blaue Diamant
von Marina Bartolovic

Es war einmal ein armer Junge , höchstens 12 Jahre alt. Er konnte weder lesen noch schreiben , weil er nicht genug Geld hatte , um die Schule besuchen zu können. Eltern hatte er keine mehr und arbeitete als Straßenkehrer , um wenigstens noch Brot kaufen zu können . Deswegen lachten ihn alle anderen Kinder aus .

An einem Sonntag , als er wieder frei hatte , spazierte er am Dorfrand und besah sich die Schaufenster , in denen man die besten Speisen und die beste Kleidung zu sehen bekam. Als er so daherlief , sah er etwas schwach unter dem Sandboden leuchten . "Nanu , was ist denn das ?" fragte er sich selber und grub an der Stelle im Sand . Auf einmal musste er sich die Hand vor die Augen halten. Denn da war ein blauer Diamant . Er war so groß wie eine Männerfaust , so klar und rein wie Wasser und so leuchtend und strahlend wie die Sonne , nur nicht gelb , sondern dunkelblau . Mit geschlossenen Augen tastete der Junge , der Philipp hieß , den Boden ab und hob geschwind den Stein auf , den er dann in seine Hosentasche steckte. Danach ging er , so schnell er konnte, in einen Keller. Ein mitleidiger Mensch hatte ihn dort aufgenommen und eine kleine Stube für ihn eingerichtet. Dort holte er den Diamanten aus seiner Tasche. Doch der Stein hatte all sein Strahlen verloren , war aber immer noch so klar und rein , dass Philipp seine helle Freude daran hatte, ihn nur anzusehen. "Nein, verkaufen werde ich den Diamanten nicht ", murmelte der Junge immer noch berauscht von der Schönheit des Steins. 'Aber behalten kann ich ihn auch nicht. Ich werde als Dieb bezeichnet , wenn man den Stein bei mir findet!' dachte der Junge traurig. "Mach' dir keine Sorgen , Philipp ! Ich gehöre niemandem" , sagte plötzlich eine Stimme , die aus dem Diamanten zu kommen schien. Der Junge fuhr erschrocken zurück. "Wer bist du?" fragte er bestürzt.Dieselbe Stimme antwortete : " Ich bin der Diamant. Besser gesagt : Ich bin im Diamanten eingeschlossen.!" Da kam Philipp noch etwas verschreckt näher . Er besah sich den Stein genauer , , und erst dann erblickte er eine winzige Gestalt , die ein Mädchen zu sein schien. Er hatte sie vorher übersehen , weil die Gestalt so schwer zu erkennen war. "Man hat mich in den Diamanten verbannt , weil ich früher so schrecklich mit meinen Mitmenschen umgesprungen bin . Es war so : Eine Sklavin trat in mein Gemach. "Sie haben uns geboten , bei Ihnen zu arbeiten . Dafür durften wir bisher immer etwas von den Resten Eurer Mahlzeit zu uns nehmen. Doch Eure Wachen verjagen uns immer , wenn wir unseren Lohn für unsere harte Arbeit holen wollen", sagte sie. Zornig sprang ich auf und rief : " Willst du damit sagen , dass ich keine gütige Herrin bin ?" "Aber nein!" stotterte die Sklavin . "Wenn du der Ansicht bist , dass der Lohn für deine Arbeit nicht genug für dich ist , dann fällst du bei mir in Ungnade. Geh fort und verdiene dir anderswo deinen

Lebensunterhalt !" schrie ich . Die Sklavin flehte : "Bitte lasst mich nicht fort! Wie soll ich meine Kinder ernähren?" Hart erwiderte ich : "Das geht mich nichts an!" Der Hauptmann führte die Sklavin hinaus und vertröstete sie ; "Ich werde dir jeden Tag etwas Brot geben!" Er war ein guter Mann.

Eines Tages rief ich den Hauptmann wieder zu mir . "Ich will, dass du die Dienerin, die täglich in meinem Gemach putzt, umbringst. Sie hat mir meine goldene Kette geklaut", sagte ich ihm. "Aber ich habe sie doch immer bewacht" , sagte der Hauptmann, "und sie hat nie etwas entwendet. Ich bringe keine Unschuldige um!" Der zweite Hauptmann gehorchte. "Nein , schrie die Sklavin, als sie dies hörte , "ich bin unschuldig. Ich flehe Euch an: Neiiin !"

Ich blieb hart . "Führt sie ab !" sagte ich.

Plötzlich tauchte ein Mann vor mir auf. "Du bist ein Mensch aus Stein ! Ich verbanne dich in diesen Diamanten.Ich gebe dir Zauberkräfte , mit denen du Gutes für andere Menschen tun musst, bis du befreit bist !" Kaum hatte er es ausgesprochen , fand sich das grausame Mädchen in einem blauen Diamanten wieder . "Wenn ich erlöst bin , das geschieht nur , wenn ich jemandem Gutes tue , darf ich nie wieder so gemein sein , ,sonst verbannt man mich wieder. Ich habe dich auserwählt .Sage , was du willst , und du sollst es haben . Aber wünsche dir nichts , was du nicht unbedingt brauchst !" sagte das Geschöpf. "Ich wollte mich schon immer mal richtig satt essen" , erwiderte der Junge misstrauisch . Plötzlich stand vor ihm , wie aus dem Erdboden gewachsen , ein gedeckter Tisch mit den köstlichsten Speisen und Getränken . Philipp war wie angewachsen. Er schaute nur ungläubig auf den Tisch. "Das ist doch nicht möglich" , stotterte er . Da drängte das Mädchen im Diamanten : "Na los ! Lang kräftig zu ! Jeder andere hätte sich auf das Essen gestürzt und du starrst Löcher in die Luft!" Das ließ Philipp sich nicht zwei Mal sagen . Heißhungrig langte er zu . Als er satt war , fragte das Mädchen auch gleich : "Nun , da du satt bist , muss ich dich fragen , was dein nächster Wunsch ist." "Ich möchte gerne eine andere Arbeit , bei der man , wenn's geht , mehr Geld verdient" ., erwiderte der Junge. Kaum hatte er ausgesprochen , klopfte jemand an sein Stübchen . "Wer kann das sein?" murmelte er überrascht. Er machte die Tür auf . Da stand ein Mann , der ihn von unten bis oben genau musterte . "Bist du Philipp?" fragte der Mann den Jungen. "Ja , der bin ich", nickte Philipp. Da sagte der Mann : "Ich hörte zufällig , dass du Straßenkehrer bist . Ich fragte nach dir und erfuhr , dass du hier wohnst . Ich finde nämlich , dass Straßenkehrer eine viel zu schwere Arbeit für ein Kind ist . Und da in meinem Hotel noch eine Tätigkeit als Page zu haben ist , könntest du doch bei mir arbeiten . Du gehst nicht zur Schule , nicht wahr ?" Der Junge senkte den Kopf . "Nein!" antwortete er kleinlaut. "Dann kannst du ja bei mir Nachhilfeunterricht bekommen. Du kannst bei mir wohnen , solange du dir nichts Eigenes leisten kannst. Du wirst zwar der jüngste Page sein , aber das ist immer noch besser , als morgens bis abends die

Straßen zu putzen. Na , willst du ?" fragte der Mann. "Aber sicher !" erwiderte der Junge überglücklich. Darauf sagte der neue Boss von Philipp noch : "Siehst du ! Das habe ich mir schon gedacht, deshalb habe ich deinem alten Chef schon gesagt , dass du nicht mehr kommst." "O vielen Dank !" rief Philipp . "Ich gehe nur noch schnell in den Keller und hole meine Sachen . Darauf rannte er in sein Stübchen. Doch da lag der Diamant auf dem Boden , und vor ihm stand ein junges Mädchen. "Ich bin erlöst , Philipp ! Ich verschwinde jetzt wieder in meine Zeit. Weißt du , ich bin nämlich schon seit Jahrhunderten im Stein eingeschlossen gewesen . Aber den Diamanten , den schenke ich dir." Nach diesen Worten verschwand das Mädchen. Vorsichtig hob Philipp den Stein auf . Und dieser Stein war immer noch etwas Besonderes . Er brachte dem Jungen Glück in all seinen Unternehmungen. Das Schicksal wollte es , dass er Angela kennenlernte. Eine schöne junge Frau , einfühlsam , weich , sie passte gut zu ihm . Er verliebte sich in sie , und nach einem Jahr fand er , dass sie beide auch in einer Ehe zusammenhalten müssten, nicht nur als sehr gute Freunde. Auch sie empfand für ihn mehr als nur Freundschaft . Nachdem Philipp Angela in ein Restaurant eingeladen hatte , um ihr zu sagen , dass er sie liebe und sie heiraten möchte , machte er sich fertig , drückte den blauen Diamanten noch einmal , um sicher zu sein , dass der ihm auch Glück bringe , legte ihn auf sein Bett und ging aus dem Haus. An einem Tisch saß schon Angela und schaute ungedudig aus dem Fenster ."Ah da bist du ja!" rief sie, als sie Philipp sah . " "Hallo Angela!" antwortete er und lächelte. Er setzte sich an den Tisch und lächelte nochmals. "Nun , was ist das , was du mir so dringend sagen möchtest ?" fragte sie. "Äh , lass uns erst mal den Champagner bestellen !" meinte Philipp etwas verlegen . Nachdem der Champagner auf dem Tisch stand , fing er an : "Also , wir kennen uns ja schon lange ... und ... da dachte ich , nun ja ... möchtest du mich heiraten ?" "Ja sicher , freute sich Angela.

Die Hochzeit war ein Tag voller Glück und Freude , den die beiden sicher nie vergessen haben .

10.5 Die Mondstation

von Wolfgang Link

nach einer Idee des BUND

unter Mitwirkung von Melanie Fischer, Annette Göppert, Anna Isenmann, Olesia Mai und Christina Schappacher

1. Bild : Rathaussaal

Bürgermeister : Meine Herren Gemeinderäte! Ich eröffne die heutige Gemeinderatsitzung mit einem besonders erfreulichen Ergebnis: Der Ministerpräsident hat unserer Gemeinde die Genehmigung zum Bau eines Weltraumbahnhofes zur Förderung des Mondtourismus erteilt. (Klatschen) Eine Büro hat bereits genaue Pläne ausgearbeitet. Sie sehen hier eine Kuppel , in der Fliegen auf Grund der geringeren Schwerkraft möglich ist. Eine weitere Attraktion wird neben Bergbesteigungen die Besichtigung der Stelle sein , wo 1969 die ersten Menschen auf dem Mond landeten. Als besonders geeigneten Standort hat das Weltraumunternehmen die Rheinauen vorgeschlagen. Dies ist ein ökologisch hervorragendes Gelände - pardon ökonomisch hervorragendes Gelände ,da die Touristen vor Antritt der Reise unberührte Natur genießen können. (Wespenstich) Au , verdammtes Mistvieh ! Dir werd' ich es noch zeigen ! :

1.Rat: Werden die Bürgerinitiativen nicht Einspruch erheben ?

Bürgermeister : Alles schon geregelt. Wir haben sie mit einer großzügigen Geldsumme beschwichtigt , klein im Vergleich zu den Riesensummen , die wir nach Inbetriebnahme einnehmen werden. Zudem : Alle Projekte, die bisher aus Geldmangel gestrichen werden mussten , werden über Nacht Wirklichkeit.

2. Stadtrat: Ist ein Hallenbad auch in diesen Projekten enthalten ?

Bürgermeister: Kinderspiel ! Nicht nur das ! Jeder Haushalt wird sein eigenes heizbares Schwimmbad erhalten.

3. Stadtrat : Und Wird die Rennstrecke endlich gebaut ?

Bürgermeister : Auch kein Problem , zusätzlich wird jeder Bürger kostenlos sich an Rennen beteiligen kömnnen , sooft er will.

4.Stadrat: Da werden wir ganz schön Ärger mit den Nachbargemeinden bekommen.

Bürgermeister : Alles schon abgesprochen, die Gemeinde wird nach Tilgung ihrer horrenden Schulden schon klein beigeben.

5. Stadtrat : Wie steht es mit dem Privatflugplatz ?

Bürgermeister : Ach ja, das vergaß ich noch zu erwähnen. Der dringend benötigte Bau wird unsere Straßen entlasten und einen erheblichen Beitrag zu einer ökologisch orientierten Verkehrsplanung leisten. Also meine Herren : Mit Volldampf ans Werk zum Wohle unserer Gemeinde !

2. Bild

Wespe tippt ins Internet: Achtung , Achtung ! Alle Tiere der Rheinauen müssen dringend zu einer wichtigen Besprechung zusammenkommen. Beschluss des Gemeinderates : Alle unsere Lebensräume sollen zubetoniert und trockengelegt werden. Kommt alle heute noch zu einer Konferenz ins Hotel Rheinauen ! Es geht ums Überleben !

3. Bild : Hotel Rheinauen

Wespe : Ihr alle habt gehört , dass die Menschen unsere Lebensräume und damit uns vernichten wollen. Ich habe dem Bürgermeister mit einem Stich einen Denkzettel verpasst.
Schmetterling : Du bist ja ein Mordskerle ! (nachdenklich) : Aber willst du denn damit den Wahnsinnsplan stoppen ?
Marder: Hat denn niemand eine Idee ?
Maus : (nach längerem Zögern) : Ich hab's! Heute Nacht dringe ich mit allen meinen Verwandten und Freunden ins Rathaus ein und mache die Pläne zu Konfetti.
Alle Tiere : (durcheinander) Ausgezeichnet ! Spitze ! Klasse ! Bravo ! (klatschen Beifall)

4. Bild . Rathaussaal

Bürgermeister : Ungeziefer hat die Pläne vernichtet. Aber das kann unser Vorhaben nicht zu Fall bringen. Ersatzpläne liegen im Tresor bereit. Der Baubeginn wird dadurch nicht einmal verzögert. (Ein Schmetterling fliegt durch den Raum)

5. Bild : Hotel Rheinauen

Schmetterling : Wisst ihr , was passiert ist ?
Marder : Woher sollen wir das wissen ?
Schmetterling : Unsere Aktion war erfolglos.
Biber : Geben wir es auf. Gegen die vom Gemeindeparlament können wir doch nichts ausrichten.
Hirsch : Stockfisch ! Willst du mit uns untergehen ?
Fuchs : Ich hab' eine Idee : Der Hund des Bürgermeisters ist mein Freund. Der wird den Schlüssel zum Tresor schon beibringen.

6. Bild : Internet News

Ungeziefer knackte auf noch ungeklärte Weise den Tresor zum Rathaus. Wertvolle Unterlagen zum Bau der Raumstation entwendet. Gemeinderat tagt zur Stunde.

7. Bild : Ortstermin Rheinauen

Bürgermeister : Meine Herren : Banditen haben den Tresor im Rathaus geknackt . Das kann uns nie und nimmer von unserem Projekt abhalten . Unser Chefbauingenier wird in wenigen Minuten mit Ersatzbauplänen eintreffen .
(Überblendung : Tiere im Gebüsch)

Hirsch : Jetzt ist alles verloren.
Marder : Sei doch nicht so pessimistisch !
Maus : Schwätzer ! Mach lieber einen vernünftigen Vorschlag !
Wespe : Hat denn niemand eine Idee ?
Schmetterling : Es ist das viele Geld , das die Natur kaputtmacht .
Fuchs : Du Intelligenzbrezel ! Das hätten wir auch ohne dich gewusst !
Biber : Ich hab's ! Ich zerbeiße mit meiner Sippe während des ersten Spatenstichs die Staudämme. Dann wird das ganze Vorhaben baden gehn . (Beifall)
Biber : Nicht so laut ! Verratet uns nicht !
Bürgermeister (mit Sektflasche und Gläsern) : Verehrte Anwesende ! Mit diesem Spatenstich eröffne ich unser epomachendes Projekt zum Segen der Menschheit. Alle am Bau Beteiligten leben hoch !
Stadträte : Hoch ! Hoch ! Hoch ! (Überschwemmung)

8. Bild : Internet News

Projekt wäre durch Bruch von Staudämmen beinahe in den Fluten ertrunken. Trotz enormer Schwierigkeiten wird das Vorhaben fortgesetzt.

9. Bild : Hotel Rheinauen

Schmetterling : Hab' ich doch gleich gesagt : Ihr mit euerem Optimismus ! Der Optimist ist immer der beste Mist.

Fuchs : Handeln ist jetzt gefragt.
Maus : Aber wie ?
Wespe : Wir schicken eine Delegation ins Rathaus und stellen ein Ultimatum. Wir drohen damit , alle Baumaschinen zu zerstören.
Marder : Hervorragende Idee ! Ich werde alle Kabel durchbeißen.
Specht : Und ich werde die Reifen durchlöchern.
Hirsch : Und ich zerschlage die Windschutzscheiben .
Alle : Hurra ! Wir werden siegen !

10. Bild : Rathaussaal

Bürgermeister : Meine Herren ! Trotz Flutkatastrophe schreitet der Baubeginn zügig voran. Heute noch wird mit der Trockenlegung des Geländes begonnen.
Bote : Eine Delegation von Tieren steht vor der Tür. Sie wollen mit euch verhandeln.
Bürgermeister : Machen Sie keinen Unsinn ! (Tiere stürmen herein)
Wespe : Wir fordern ultimativ die Einstellung der Bauarbeiten. Die Rheinauen sind unsere Lebensräume ! Wir werden ihre Vernichtung nicht hinnehmen !
Hirsch : Wenn ihr unsere Forderungen nicht annehmt , werden wir durch Zerstörung der Baumaschinen unsere Rechte erzwingen !

Bürgermeister . Gegen uns könnt ihr nichts ausrichten ! Mit unserer Technik sind wir euch haushoch überlegen. Und wenn ihr nicht gleich verschwindet , werde ich euch ins Gefängnis werfen lassen. Schert euch zum Teufel ! (jagt sie hinaus)
Stadtrat : Das Gesindel hätten wir los .

11. Bild : Internet News

Im Baugebiet der Weltraumstation sind durch mutwillige Zerstörungen Millionenschäden entstanden. Projekt ernsthaft in Frage gestellt.

12. Bild : Rathaussaal

Bürgermeister zu Stadträten : Veranlassen Sie sofort das flächendeckende Aufstellen von Fallen auch für Großwild und das Aufstellen von Giftködern ! Ich werde persönlich die gewissenhafte Ausführung überwachen .

13. Bild : Versammlung der Tiere

Marder : Nehmt euch in acht ! Überall im Land sind Fallen und Giftköder ausgelegt. Sie wollen uns auf diese Weise den Garaus machen.
Hirsch (stürzt herein) Hurra ! Der Bürgermeister persönlich ist in eine Falle geraten , die uns galt. Ich habe ihn zusammen mit einigen Freunden in eine Höhle gebracht. Das Versteck geben wir erst preis , wenn unsere Forderungen erfüllt werden.
Alle Tiere : Hurra , das wäre geschafft !

Fuchs : Bilden wir eine Abordnung und stellen wir ihnen knallharte Bedingungen zur Bewahrung der Umwelt !

14. Bild : Rathaussaal

Stellvertretender Bürgermeister : Es ist etwas Schreckliches passiert. Seit drei Tagen ist der Bürgermeister verschollen. Wir müssen das Schlimmste befürchten.
1. Rat : Er wird doch nicht einem Anschlag zum Opfer gefallen sein.
2. Rat : Oder ist er entführt worden ? (lautes Schreien und Klopfen)
3. Rat : Was soll denn das ? (Tiere stürmen herein)
Fuchs : Meine Herren Stadträte , Sie brauchen sich keine Sorgen um das Wohl Ihres Oberhauptes zu machen . Er lebt , und es geht ihm den Umständen entsprechend gut.
4. Rat : Wo ist er denn ?
Hirsch : Er fiel in eine Grube , die für uns bestimmt war. Wer anderen eine Grube gräbt , fällt selbst hinein !
Wespe : Das Versteck verraten wir erst , wenn Ihr alle unsere Forderungen erfüllt. Meine Herren , wir geben Euch einen Tag Zeit. Wenn Ihr bis dahin unsere Bdingungen nicht erfüllt habt , ist der Bürgermeister verloren.
5. Rat : Was sollen diese Drohungen ?
Biber : Er hat vergiftete Speisen zu sich genommen , die uns töten sollten. Wir werden ihm Heilpflanzen geben , die das Gift unschädlich machen.

Nach eingehenden Beratungen unterzeichnen die Stadtväter den Vertrag . Die Tiere verlesen die Bedingungen.

Präambel :

Die Menschen verpflichten sich , mit der Natur verantwortungsbewusst umzugehen und das Lebensrecht von Pflanzen und Tieren als unantastbaren Grundwert zu achten . Im Einzelnen sind folgende Punkte festgeschrieben :

1. Die Rheinauen werden für alle Zeiten zum Naturschutzgebiet erklärt.

2. Die Industrie muss wie die Natur nach ökologischen Gesetzen arbeiten.

3. Die Zubetonierung der Landschaft muss ein Ende haben .

4. Projekte , die nur aus Angeberei und Gigantomanie errichtet werden sollen , müssen in Zukunft unterbleiben .

5. Tierquälerei durch Fallen Stellen , Massentierhaltung und Viehtransporte ist ab sofort streng verboten.

6. Wer Ökologie predigt und nicht danach handelt , wird an den Pranger gestellt.

7. Unser Anliegen ist auch im Sinne der Menschheit :

Frieden zwischen Natur und Mensch zu schließen.

10.6. Ein Traum
von Wolfgang Link

1. Bild
Jugendliche tun sich Gewalt an ,angestiftet durch Medien . Ein guter Geist erscheint.
Geist : Könnt ihr nicht Friedfertigkeit spielen ? (Gelächter)
1. Jugendlicher : Hau ab, du Friedensfürst !
2. Jugendlicher : Den Moralapostel brauchen wir doch nicht ! Wir machen doch nur Spass !

2. Bild : Im Reich der Geister
1. Geist : Also so geht das nicht weiter ! Mich bringt die Brutalität unter Kindern , die ich gerade erlebt habe , zur Verzweiflung.
2. Geist : Ein Erzieher sagte mir , es vergehe kaum eine Woche, ohne dass sich jemand in ärztliche Behandlung begeben muss.
3. Geist : Und das alles bezeichnen die jungen Gewalttäter noch als Spass.
4. Geist : Die haben nicht mehr alle Tassen im Schrank.
5. Geist : Alles harmlos im Vergleich zu dem , was ich neulich in der Zeitung las. Da schaut her (nimmt eine Zeitung heraus und liest) :Brutaler Mord an einem einjährigen Kind , das von zwei Zehnjährigen vor einem Supermarkt entführt und auf

bestialische Weise umgebracht wurde . Die jugendlichen Täter haben ihr Verbrechen in allen Einzelheiten nach einem Gewaltvideo ausgeführt , das sie kurz zuvor sahen. Staatsanwalt ermittelt.

6. Geist (empört) : Die Hersteller von Schmutz und Schund müssten ins Zuchthaus !

7. Geist : Und ihr Vermögen sollte beschlagnahmt und den Opfern von Gewalt zugesprochen werden.

8. Geist : Zu schön , um wahr zu sein. Manche Politiker jubeln diese Banditen noch hoch.

9. Geist : Nächste Woche ist zehnjähriges Jubiläum der Zeitschrift "OK". Da wimmelt es nur so von Gewaltverherrlichung.

10. Geist : Da müssen wir etwas unternehmen zur Rettung unserer Kinder! (Schweigen) Hat keiner eine Idee ?

11. Geist : Ich werde mich mit einer Tarnkappe in den Festsaal schleichen und den werten Gästen das Fest verschönern .

12. Geist : Was führst du im Schilde ?

11. Geist : Betriebsgeheimnis ! Ihr werdet schon rechtzeitig alles erfahren.

13. Geist : Und ich werde mit einer Überraschung dafür sorgen, dass die Jubiläumsausgabe von "O K " im wahrsten Sinne des Wortes ein Bombenerfolg wird.

14. Geist : Ich bin gespannt wie ein Regenschirm.

Alle : Noch ist unser Kampf nicht verloren.

3. Bild : Festsaal

Frau Professor Sauerteig : In dieser Feierstunde ehren wir alle, die unermüdlich unter Einsatz ihres Könnens die Zeitschrift (" K O")* Entschuldigung "O K" (missgestaltet)* pardon mitgestaltet haben , die zum Wohle der Jugend gereicht (Geist zieht unsichtbar die Perücke hoch , Gelächter).Ich bitte Sie auch im Namen meiner Parlamentskollegen , machen Sie im gleichen (Un-)* Geist weiter!

Aus dem Publikum : Das ist ja unerhört !

Frau Professor Sauerteig : Und nun darf ich Sie bitten , mit mir das Glas zu erheben (ein Schwall Wasser spritzt auf die Präsidentin) Zum Wohl ! (stotternd) Auf (keine)* 50 Jahre !

(Tumult)

(.....)* = Zwischenruf des Geistes

4. Bild : Internet News

Jubiläumsausgabe von "O K" vernichtet . Unbekannte haben Druckfarben Stoffe beigemischt, die nach der Auslieferung die Druckerschwärze verbleichen ließen. Schaden geht in die Millionen. Produzenten ratlos. Staatsanwalt ermittelt ohne Ergebnis

5. Bild : Medienmacher beraten

1. Medienmacher : Verdammter Mist ! Der Schaden ist nicht so schnell wiedergutzumachen. Ganze Jubiläumsausgabe zum Teufel !

2. Medienmacher : Ganz Ihrer Meinung, Herr Kollege ! Da war der Teufel im Spiel !

Teufel (erscheint) : Nein , nein , meine Herren ! Ich unterstütze Euch voll und ganz. Da stecken Kobolde dahinter, die mir schon öfters einen Streich gespielt haben . Gegen die bin ich machtlos.

3. Medienmacher : Was würdest du uns empfehlen ?

Teufel : Kinderleicht ! Der Satellitensender Satan 2000 startet ein neues Kinder - und Jugendprogramm zur besten Sendezeit .

4. Medienmacher : Unterliegt dies nicht dem Jugendschutzgesetz ?

Teufel : Die Aufsichtsräte von Satan 2000 sitzen in hohen Regierungsstellen. Und wenn der direkte Draht nichts hilft , werden wir damit nachhelfen (knallt einen Beutel voller Goldtaler auf den Tisch)

5. Medienmacher : Eins zu null für uns . Kein Mensch kann unsere Arbeit mehr sabotieren. Wir sind am längeren Hebel.

6. Bild : Im Reich der guten Geister

1. Geist : Schöne Bescherung ! Alle unsere Mühe zunichte ! Gewalt und Porno kommen jetzt bereits in die Kinderzimmer . Es ist zum Verzweifeln . Mir reicht's !

2. Geist : Moment mal ! So schnell geben wir nicht auf ! Es geht ums Wohl der Kinder .

3. Geist : Alles schön und gut . Aber was können wir tun ? (Schweigen. Plötzlich meldet sich der)

4. Geist : Mir kommt eine Idee. Mein Freund , der Physikus , hat mir einen Kasten geschenkt , ich hole ihn gleich (verschwindet, ein anderer Geist schaltet in der Zwischenzeit das Kinderprogramm von Satan 2000 ein ; Gewalt auf dem Bildschirm erscheint)

4. Geist : (kommt mit dem Störsender zurück und schaltet ihn ein): Hokus pokus eins zwei drei, ist die Schweinerei vorbei ! (nur noch Flimmern ist auf dem Bildschirm zu sehen)

Alle : Bravo !

7. Bild : Sitzung der Medienmacher

1. Medienmacher : Zum Donnerwetter nochmal ! Jetzt wird auch unser Kulturprogramm für Kinder sabotiert !

2. Medienmacher : Und da ist technisch nichts zu machen ?

3. Medienmacher : Gar nichts . Da muss Zauberei im Spiel sein.

Teufel (erscheint aus dem Nichts) : Meine Macht ist grenzenlos : Mit Gewaltvideos werden künftig Kinder groß !

8. Bild : Reich der guten Geiser

1. Geist : Da haben sie wieder etwas Schlimmes ausgeheckt. Gewalt - Porno - Gewalt . Es ist zum Schreien !

2. Geist : Uns können die Schweine nichts anhaben . Glaube an die gute Idee, die wir vertreten , unsere Kinder vor dem Verderben zu retten !

3. Geist : Du Schlauberger , hast ja völlig recht , nur wie ?

4. Geist (nach längerem Zögern) : Kommt heute abend an den Gewalt Video Shop an der Professor Sauerteig Straße , da werdet ihr ein nasses Wunder erleben !

(Überblendung) : Gewaltvideos werden von den Fluten weggespült , gute Geister klatschen .

9. Bild : Internet News

Rohrbrüche in allen Videotheken haben wertvolle Jugendvideos vernichtet . Schaden noch nicht überschaubar. Wahrscheinlich war Sabotage am Werk .

10. Bild : Sitzung der Medienmacher

1. Medienmacher : Meine sehr verehrten Kollegen ! Zum dritten Mal haben Saboteure unsere jugendfördernden Medien vernichtet . Auch Millionenverluste können unser Geschäft nicht ruinieren. Mit dem Internet haben wir die Möglichkeit , den Banditen das Handwerk zu legen . Weder Anschläge auf Druckereien , noch Störsender oder Überschwemmungen können uns etwas anhaben . Wir werden siegen !

11. Bild : Im Reich der Geister

1.Geist : Da haben wir's ! Auf immer raffiniertere Tricks kommen diese Halunken . Gegen die ist kein Kraut gewachsen

.2. Geist : Schauen wir uns erst mal an , was die dieses Mal bringen. (schaltet das Internet an): Nanu , was ist denn das ?

(**aus dem Internet**) : Kinder von Gewalt - und Pornoproduzenten von Kidnappern entführt . Verbrecher drohen mit Ermordung , wenn nicht in 24 Stunden ein Lösegeld von einer Milliarde Mark gezahlt wird . Eltern sind ratlos , da sie diese Summe nicht aufbringen können.

3. Geist : Ich habe im Traum das Versteck gesehen .

4. Geist : Ich könnte sie mit einer Tarnkappe befreien .

4. Geist : Willst du dies ohne jede Bedingung tun ?

5. Geist : Selbstverständliche Bedingung ist , dass Gewalt - und Pornodarstellung und deren Verherrlichung nie wieder hergestellt und verbreitet wird.

6. Geist : Ob sie wohl darauf eingehen ?

12. Bild : Krisensitzung der Medienmacher

1. **Medienmacher** : Da haben wir's . Das haben wir mit unserem eigenen Tun uns selbst eingebrockt.

2. **Medienmacher** : Da gibt es nichts zu beschönigen.

3. **Medienmacher** : (haut dem zweiten eins mit der Zeitung auf den Kopf) : Memme ! Möchten Sie unsere ganze Produktion in Frage stellen ? Meine Herren, es geht ums Geschäft !

2, Medienmacher : Die Verherrlichung von Gewalt trägt bei Ihnen schon Früchte !

4. Medienmacher : Lasst diese Albernheiten ! Angesichts der tödlichen Gefahr , in der unsere Kinder schweben , ist nichts wichtiger als ihre Rettung ! (gute Geister stürmen herein)

1. Geist : Meine Herren , wir sind völlig Ihrer Meinung . Ihr habt Euch selbst diese Katastrophe eingehandelt .

2. Geist : Durch Euer verantwortungsloses Tun habt Ihr Eure eigenen Kinder in Lebensgefahr gebracht und das Wohl unzähliger Kinder leichtfertig gefährdet.

3. Geist : Die vorangegangenen Streiche , die wir euch gespielt haben , hätten Euch Warnung genug sein müssen !

3. Medienmacher : Ihr wart also die Banditen ! Ich lasse euch sofort ins Zuchthaus werfen ! (nimmt sein Handy)

4. Geist (mit dem Zauberstab) : Gegen uns könnt ihr nichts ausrichten . Das Gute , das wir vertreten , wird auch durch Einsatz von Millionen nicht besiegt.

5. Geist : Mit unserer Macht können wir Eure Kinder befreien . Dafür fordern wir bedingungslods das Ende der Verbreitung von jeder Form von Gewalt .

4. Medienmacher : Erpressung !

6. Geist : Verwechseln Sie nicht die Begriffe !

7. Geist : Wir geben Euch einen Tag Zeit . Wenn Ihr bis dahin nicht unsere Bedingungen erfüllt , sind Eure Kinder verloren .

Nach eingehenden Beratungen unterzeichnen die Medienmacher den Vertrag. Er lautet :

1. Gewalt und Porno dürfen nie wieder in Schrift, Bild und Ton produziert und verbreitet werden .

2. Das Vermögen aus derartigen Produktionen wird beschlagnahmt und für die Opfer von Porno und Gewalt verwendet .

3. Die Hersteller verpflichten sich , nur jugendfördernde Erzeugnisse herzustellen. Denn :

In unserer Jugend liegt die Zukunft .

10.7 Ritter Kunibert

nach der Sage 'Verunglückter Überfall'
von Willi Keller
Dialoge und und Bänkelgesänge
von Wolfgang Link

Bänkelsänger :

1. Habt Ihr schon mal was gehört von dem Ritter Kunibert Berghaupten war ihm viel zu klein. Er wollte Herr der Reichsstadt sein.

Refrain:
Ja das war , ja das war , ja das war der Ritter Kunibert , der alte Kunibert .

2. Also zog er in den Krieg, meint', er erringe gleich den Sieg , seine Krieger mit ihren Sensen waren bald durch nichts zu bremsen .
Ja das war....

3. Aber nach dem ersten Schuss war es mit dem Traume Schluss
gleich wird er vom Feind gefangen, beinahe hätten sie ihn gehangen .
Ja das war.....

4. Und dem Heer , oh Schreck , o Graus ging dann gleich die Puste aus.
Keiner hätte das gedacht, nur die Sieger ham gelacht.
ja das war ......

1. Auftritt : Im Schloss des Berghauptener Ritters Kunibert

Kunibert : Herzlich willkommen , Herr Gero von Geroldseck .! Welche Ehre, einen so hohen Gast in meinem Schlosse begrüßen zu dürfen ! (reicht ihm einen Becher Wein, alle stoßen an)
Gero : Der Wein schmeckt vorzüglich. Aber nehmt mir's nicht übel: Das ist doch ein armseliges Leben , was Ihr da führt,! Verglichen mit meiner Burg ist das Gemäuer hier eine bessere

Hundehütte. Wollt Ihr so weiter dahinvegetieren bis ans Ende Eurer Tage ?

Kunigunde, Kuniberts Frau : Wir sind zufrieden mit dem, was wir haben.

Kunibert : Zugegeben, wenn ich an die mächtigen und wohlhabenden Herren von Gengenbach denke, überkommt mich schon manchmal der Neid.

Kuniberts Heerführer : Dem wäre leicht abzuhelfen.

Kunibert : Meinst du etwa, wir könnten Gengenbach erobern ?

Gero : Endlich ein vernünftiger Vorschlag, aus der Bedeutungslosigkeit herauszukommen. Denk' an die vielen Reichtümer, die dann Euch gehören !

Heerführer : Und vergesst nicht, Gengenbach hat als Freie Reichsstadt Einfluss im ganzen Reich. Dies alles ist dann in deinen Händen.

Kunigunde : Ihr seid von Sinnen ! Das kann doch niemals gut gehen !

Kunibert : Halte dich zurück, das Kriegshandwerk ist Männersache !

Gero : Endlich redest du wie ein Mann ! Frisch auf ans Werk ! die Gelegenheit ist günsitg.

Kunibert (sichtlich angetrunken) :Mich hält nichts mehr zurück . Am liebsten würde ich gleich losschlagen.

Heerführer : Je früher, desto besser ! Wir stellen in den nächsten Tagen ein Heer auf und führen einen nächtlichen Überraschungsangriff.

Kunigunde : Und wenn das schief geht ?
Kunibert : Die paar Gengenbacher erledige ich im Handstreich ! Hurra ! Wir werden siegen !

2. Auftritt : Im Gengenbacher Rathaus

Bürgermeister : Werte Herren Stadträte ! Der Kaiser persönlich entbietet uns aufrichtigen Dank und Anerkennung für unsere tüchtigen Krieger , die wir ihm fürs kaiserliche Heer bereitgestellt haben. Zum Dank verspricht er uns seinen Beistand bei allen Gefahren , die uns von außen drohen.
Bote (stürmt herein) : Von einem Berghauptener Überläufer habe ich erfahren , dass Ritter Kunibert heute Nacht einen Angriff auif Gengenbach vorhat
1. Stadtverordneter (bricht in schallendes Gelächter aus) : Der ist völlig übergeschnappt !
2. Abgeordneter : Was will denn der Zwerg gegen unsere Übermacht ? Der hat den Größenwahn !
3. Stadtverordneter : Lasst ihn nur kommen ! Der hat außer ein paar Bauern , die allenfalls mit Mistgabeln und Sensen bewaffnet sind, nichts aufzuweisen.
4. Stadtverordneter : Den erledigt unsere Bürgerwehr mit einigen Kanonieren. Da wird seine Großmannssucht ein jähes Ende nehmen.
5. Stadtverordneter : Dann kann er aus der Gefängniszelle über Gengenbach herrschen.

Alle (unter Gelächter) : Sieg Heil dem neuen Herrscher von Gengenbach !

3. Auftritt: Aufstellung des Berghauptener Heeres

Kunibert : Heute ist wohl der bedeutendste Tag in der Geschichte unseres Heimatortes . Mit der Eroberung von Gengenbach werdet auch ihr zu ungeahntem Wohlstand gelangen. Reichtum und Macht anstelle von ärmlichem Taglöhnerdasein wird euch beschieden sein . Die Gelegenheit ist günstig . Gengenbachs beste Krieger sind außer Reichweite . Wir nehmen die Reichsstadt im Handstreich . Hauptmann , stelle aus der Rüstkammer alle verfügbaren Waffen bereit !

Hauptamnn : Aber es gibt nur ein altes Gewehr und einige rostige Schwerter.

Kunibert (im Siegesrausch) : Auch mit Sensen und Mistgabeln werden wir die paar Mann von der Bürgerwehr schon besiegen .

Trommler : Und ich schlage mit meiner Trommel die Verteidiger in die Flucht

Trompeter : Und ich werde mit meinen Fanfarenklängen dem Gegner Angst einjagen.

Alle : Zu den Waffen , Kameraden ! Wir werden siegen !

4. Auftritt : Der Überfall

Aus W. Keller, Im Schatten der Burgen , 'Verunglückter Überfall'

(Chronist liest, zum Teil gespielt)

5. Auftritt : Gerichtsszene in Gengenbach

Schulheiß von Gengenbach : Ritter Kunibert von und zu Berghaupten, Ihr seid wegen schweren Landfriedensbruchs und Anstiftung zu öffentlichem Aufruhr angeklagt. Was habt Ihr zu Euerer Verteidigung vorzubringen ?
(ironisch) Na da schweigt des Sängers Höflichkeit, !
Schultheiß von Offenburg : Was sollen die vielen Karren , die Ihr mitgeführt habt ? Wolltet Ihr ganz Gengenbach ausplündern ?
Schultheiß von Zell : Am besten hättet Ihr Euch gleich auf dem Rathausplatz Gengenbach eine Siegessäule mit Eurem Standbild aufgestellt ! (Gelächter)
Schultheiß von Gengenbach : Ich bitte mir Ruhe aus !
Schultheiß von Offenburg : Warum habt Ihr Euch nicht gleich zum Kaiser krönen lassen wollen ? (erneut Gelächter)
Schultheiß von Gengenbach : Ruhe , oder ich lasse den Saal räumen ! (ernst) : Bei Euerem Überfall hätte es auf beiden Seiten Tote geben können.
Schultheiß von Zell : Mit den paar rostigen Schießeisen könnte man nicht einmal Hasen jagen. (erneut Gelächter)
Richter : In Anbetracht der Schwere der Tat verbitte ich mir diese Witze . Ratschreiber , geben Sie folgenden Strafantrag zu Protokoll :Der Angeklagte Herr Ritter Kunibert von und zu

Berghaupten wird wegen schweren Landesfriedensbruchs, öffentlichen Aufruhrs und versuchten Mordes zum Tode durch den Strang verurteilt. Das hohe Gericht zieht sich zur Beratung zurück.

Überblendung in den Zuschauerraum.
1. Bürger : Ist das Urteil nicht zu hart ?
2. Bürger : Aus mit dem Traum von Macht und Ehre !
3. Bürger : Der hat's nicht anders verdient !
4. Bürger : Endlich haben wir den Großhans los.
5.Bürger : Mich dauert nur seine Familie.

Richter erscheinen
Schultheiß von Gengenbach : Im Namen seiner Majestät des Kaisers ergeht in Sachen Ritter Kunibert von und zu Berghaupten folgendes Urteil : Der Angeklagte wird zum Tod durch den Strang ...
Kaiserlicher Abgesandter (stürmt herein) :Seine Majestät der Kaiser gebietet dem hohen Gericht, trotz der Schwere des Vergehens Gnade vor Recht walten zu lassen und ordnet im Hinblick darauf, dass die ganze Angelegenheit einer gewissen Komik nicht entbehrt, folgende Maßnahmen an :
1. Die Todesstrafe wird in lebenslange Haft umgewandelt, zu verbüßen im Gengenbacher Narrenmuseum, wo der Herr Ritter zur ständigen Volksbelustigung zu bewundern sein wird.

2. Als Wiedergutmachung wird mit sofortiger Wirkung Bermersbach an Gengenbach abgetreten. Damit ist ja wohl der Gerechtigkeit Genüge getan. die Sitzung ist geschlossen.

Bänkelsänger :

Wie ging's Ritter 'Kuno dann? Er starb bald drauf vor Schmerz und Gram.
Seine Pläne wurden zunicht , das entschied das Reichsgericht.
Ja das war...

Und die Moral von der Geschicht: Sei niemals so ein Großhans nicht !
Dass Ihr das zur Kenntnis nehmt: Vermessenheit hat ein schlimmes End
Ja das war.....

11. So urteilen Zuschauer :

Voller Begeisterung habe ich viele Filme , die Wolfgang Link so liebevoll mit seinen Schülern gedreht hat , angeschaut . Die beteiligten " kleinen " Schauspieler spielten , ja lebten ihre jeweiligen Rollen voller Enthousiasmus.
Ich bin überzeugt , dass diese darstellenden Kinder ihre Erlebnisse während ihrer Schulzeit auch später nie vergessen werden und sie sicherlich auch dadurch mit geprägt.

Ilse Thielenhaus , Wuppertal

Viele Filme , die Herr Dr. Link in den Projektwochen mit seinen Schülern gestaltete, habe ich selbst gesehen . Er verstand es immer , mit geringen Mitteln und Aufwand das Wesentliche eines Themas hervorzuheben und anschaulich darzustellen und damit auch die kleinen Akteure , seine Schüler , zu begeistern . So ist ihm der Erfolg eigentlich schon vorher zur Gewissheit geworden .

Wulf Wyszynski , Gengenbach

Mein Sohn hat während seiner Schulzeit im Gymnasium Gengenbach die Gelegenheit gehabt , an der Film - AG von Dr. Link teilzunehmen . Dr. Link zeichnete sich in dieser AG nicht nur als höchst engagierter und innovativer Fachmann , sondern auch als vorbildlicher Pädagoge aus , der es fertigbrachte , die jungen Teilnehmer zu lenken und zu motivieren und sie gleichzeitig zu beachtlichen schauspielerischen Leistungen zu führen .

Walter Eberhardt , Konrektor i.R.

Vor kurzem führte die Arbeitsgruppe Film unter Leitung von Oberstudienrat Dr. Link den Film "Die Goldene Rose " vor ,von dem ich ganz begeistert bin . Das Textbuch steht auf hohem kulturellem Niveau und hebt sich wohltuend von den üblich ausgestrahlten kitschig - süßlichen Märchenfilmen ohne eigentlichen Inhalt ab . Die Aufnahmen sind in gekonnt künstlerischer Weise verwirklicht .

Dr. Werner Landschütz

Als ehemalige Kollegin habe ich das Entstehen der Film - AG miterlebt und die Arbeit über viele Jahre mitverfolgt . Ich sah , mit welcher Begeisterung die Schüler an die Arbeit gingen . Von den späteren Filmen ist mir besonders 'Weihnachten 56' in Erinnerung geblieben . Das darin geschilderte Flüchtlingsschicksal hat mich tief berührt . Ich war erstaunt und beeindruckt , mit welcher Ernsthaftigkeit die Schüler ihre Rollen verkörperten .

Lieselotte Freiesleben

12. ...und so urteilt die Presse :

Offenburger Tagblatt vom 21.9.1984

Gengenbacher Schüler verfilmten zwei Andersen-Märchen

Die unerfüllte Liebe der kleinen Meerjungfrau

Gengenbach. Den Beweis dafür, daß am Gymnasium nicht nur stur Wissen eingepaukt, sondern auch die musisch-künstlerische Ader gepflegt wird - so Oberstudiendirektor Kurt Grießer - lieferte eine Veranstaltung der Film-AG des Gymnasiums Gengenbach. Gezeigt wurde den zahlreichen Zuschauern die Verfilmung zweier Märchen von Hans-Christian Andersen, „Däumelinchen" und „Die kleine Meerjungfrau".

Den knapp zwanzigminütigen Zeichentrickfilm „Däumelinchen" hatten Unterstufenschüler während der Projekttage vor den Sommerferien angefertigt. Beeindruckend besonders die mit viel Liebe zum Detail selbstgemalten farbenfrohen Kulissen-Bilder. Gelungen aber auch die ideenreiche Umsetzung des Märchens in bewegliche Bilder, zudem noch mit den verständlicherweise sehr begrenzten technischen Mitteln.

Nicht allein nur unterhalten, sondern auch zum Nachdenken anregen sollte der zweite gezeigte Film „Die kleine Meerjungfrau", der von der Film-AG des Gymnasiums unter der Leitung von Oberstudienrat Dr. Wolfgang Link und mit Unterstützung von Schülerinnen der Hauswirtschaftsschule St. Anna mit viel Begeisterung und Engagement von Mädchen und Jungen aller Altersstufen aufgenommen worden war. Und es war wahrlich kein leichter Stoff, an den sich die Film-AG heranwagte. In einer Art Reflektion seines Lebens läßt der Dichter Andersen seine tragische Heldin, die Meerjungfrau, die unerfüllte Liebe zu einem irdischen Prinzen in all ihren Höhen und Tiefen durchleben und durchleiden. Anfangs verlangend, dann leidenschaftlich steigert sich die Liebe der Meerjungfrau bis hin zur Selbstaufgabe, zur totalen selbstlosen Hingabe, die schließlich in der Auflösung ihres Körpers ihren Höhepunkt findet. Die Seele aber gelangt durch diese Hingabe für einen anderen zu ewiger Freude und Glückseligkeit. Diese einzelnen Entwicklungsstufen wurden im Film behutsam, dennoch aber recht deutlich nachvollzogen, so daß die Grenzen zwischen Märchen und Realität zum Ende hin immer stärker verwischt wurden.

Der lang anhaltende Beifall und die durchweg positiven Reaktionen der Zuschauer zeigte, daß sich die Mühen aller an der Entstehung der Filme Beteiligten gelohnt haben, und sicherlich wird man dem mehrfach geäußerten Wunsch nach weiteren Eigenproduktionen des Gymnasiums Gengenbach nachkommen.

Reinhard Kluckert

Offenburger Tageblatt

Dienstag, 17. September 1985

Film-AG des Gymnasiums stellte Neuproduktionen vor

Gengenbacher Schüler als Nachwuchsfilmer

Gengenbach (klu). Feen, gute und böse Geister, sekundenschnelle Verwandlungen und die Zufriedenheit und das Alter höchstpersönlich: Wahrlich märchenhaft ging es am Freitagabend in der Aula der Gengenbacher Haupt- und Realschule zu. Eingeladen hatte die Film-AG des Gymnasiums, die ihre im vergangenen Schuljahr entstandenen Neuproduktionen, „Kalif Storch" von Wilhelm Hauff und „Der Bauer als Millionär" von Ferdinand Raimund, den zahlreich erschienenen Schülern und Eltern vorstellten.

Einen interessanten „Kniff" hatte die Film-AG unter der Leitung von Oberstudienrat Dr. Wolfgang Link bei der Verfilmung des Hauffschen Märchens „Kalif Storch" angewendet, denn durch die Mischung von Zeichentrick und Puppenspiel wurde den Zuschauern eine große Lebendigkeit vermittelt, die durch die von den Schülern selbst angefertigten farbenprächtigen Kulissen noch erheblich verstärkt wurde.

Ein gleichermaßen schauspielerisch wie technisches Meisterstück ist der Film-AG mit der Verfilmung des Märchendramas „Der Bauer als Millionär" oder „Das Mädchen aus der Feenwelt" gelungen. Inspiriert durch den raschen aber oft schnell wieder verblassenden gesellschaftlichen und sozialen Aufstieg vieler kleiner Bürger in der Wiener Gesellschaft um die Jahrhundertwende, will der österreichische Dichter Ferdinad Raimund mit seinem Märchenstück die Zuschauer durch die Person des plötzlich zu Reichtum gelangten Bauern Fortunatus Wurzel und dessen ebenso rasanten Abstieg davor warnen, die Blickrichtung nur auf irdisches Glück durch Wohlstand und Reichtum zu lenken. Statt nach Scheinwerten zu streben, solle man sein eigenes Schicksal annehmen und bejahen.

Beeindruckend, wie gut sich die jungen, überwiegend der Unterstufe angehörenden „Nachwuchsschauspieler" in die vom Dichter recht stark und teilweise auch derb-deftig gezeichneten Charktere hineinversetzen konnten und besonders Laster und Fehler der „Alten" (Saufgelage, Aufschneiderei) in herzerfrischender Weise darstellten, was bei den Zuschauern oftmals ein Schmunzeln hervorrief. Man spürte, mit wieviel Engagement alle Beteiligten bei der Herstellung der Filme bei der Sache gewesen waren und wieviel Mühe sie sich gegeben hatten. Dr. Link lobte daher auch die Geduld der Schüler bei den oft stundenlangen Proben und bedankte sich gleichzeitig auch für das Verständnis, das die Eltern aufgebracht hätten. Viel Lob ernteten die „Jungfilmer" auch von Oberstudiendirektor Kurt Grießer, der die Hoffnung äußerte, auch in Zukunft von seinen Schülern „märchenhaftes" vorgeführt zu bekommen.

Junge Drehbuchautoren für »Goldenen Fisch« vorgeschlagen

Erfolgreiche Premiere für die Film AG des Gymnasiums / Von Reinhard Kluckert

Gengenbach. Premiere bei der Film AG des Gymnasiums Gengenbach.

Zum ersten Mal konnte Oberstudienrat Dr. Wolfgang Link als Leiter der Arbeitsgemeinschaft anläßlich eines Vorführabends in der Aula zwei Filme ankündigen, deren Drehbuch vollständig von Schülern geschrieben wurde.

Vom Fluch erlöst

In dem Märchen »Der blaue Diamant« erzählt Martina Bartolovic die Geschichte eines armen Jungen, der einen blauen Diamanten findet, der eine ob ihrer Hartherzigkeit verwunschene Königstochter gefangen hält. Diese wird erst von ihrem Fluch erlöst, als sie durch gute Taten dem bescheidenen Finder des Steines hilft, seinen Hunger zu stillen und eine vernünftige Arbeit zu finden. Auch das Happy-End fehlt nicht: die beiden heiraten.

Von einem spannenden Traum handelt der Streifen von Mario Hetzel mit dem Titel »Rückkehr der Dinosaurier«. An seinem Geburtstag mit Dino-Geschenken überhäuft und über der Lektüre eines Dino-Buches eingeschlafen, träumt ein Junge, er befände sich plötzlich auf einem fernen Planeten, auf dem Dinosaurier aus den unterschiedlichen Erdzeitaltern friedlich miteinander lebten. Doch gerade, als der erstaunte und faszinierte Junge den Urtieren Fragen stellen will, die ihn schon immer bewegt haben, weckt ihn seine Mutter: die Fragen bleiben ohne Antworten.

Beiden Filmen gemeinsam ist ein hohes Maß an Phantasie, Einfühlungsvermögen und Kreativität. Außerdem gefällt die Ernsthaftigkeit, mit denen sich die jungen Darsteller bemühen, die Drehbuchvorlagen ihrer Schulkameraden in Bilder umzusetzen.

Einen Leckerbissen besonderer Art bot der dritte an diesem Abend gezeigte Film. In enger Zusammenarbeit mit der mittlerweile an einer anderen Schule unterrichtenden Sportlehrerin Schäffner hatten Link und die beteiligten Schüler das Märchen »Der Schmetterling« von Hans Christian Andersen als Ballett abgedreht.

Ästhetische und nahezu perfekt einstudierte Szenen an landschaftlich reizvollen Plätzen der Ortenau, farbenprächtige Kostüme sowie einige technische Raffinessen wie Überblendungen riefen bei den zahlreichen Zuschauern großen Beifall hervor.

Angetan vom Engagement der jungen Darsteller und Autoren war auch Oberstudiendirektor Kurt Grießer.

Echte Eigengewächse

»Es geht hier heute abend weder um die Goldene Rose noch um den Goldenen Bären. Wir wollen uns nicht mit der großen Welt, sondern mit uns selbst beschäftigen«, bemerkte er und schlug mit humorvollem Unterton die Schaffung des »Goldenen Fisches« für Gengenbach vor. Der Fisch sei schließlich das Wappentier der alten Reichsstadt.

Echte »Eigengewächse« sorgten dann auch für die musikalische Umrahmung des Filmabends. Zusammen mit Studienrat Joachim Dreher am Klavier erfreute das Streichertrio Sabine Rösler (9a), Teresa Petrich (7a) sowie Lena Dreher (5a) mit Ausschnitten eines Orchesterwerkes von B. Bach.

Offenburger Tageblatt

Schule mal anders

Gengenbacher Film-AG drehte Kästner-Satire

Zwischen Kriegsangst und Friedenshoffnung

Märchen, Fabeln, Sagen, aber auch politische Stücke: Immer wieder gelingt es dem Leiter der Film-AG des Gengenbacher Gymnasiums, Oberstudienrat Dr. Wolfgang Link, seine jungen Schauspieler für interessante, spannende oder eher nachdenkliche Themen zu begeistern. So auch bei der neuesten Produktion, einer Video-Verfilmung der »Konferenz der Tiere«.

Erich Kästner

Ausschließlich Unterstufenschüler hatten sich des Kästner-Stückes angenommen, vom Schriftsteller auf dem Hintergrund der persönlichen Eindrücke beim Anblick seiner zerstörten Heimatstadt Dresden geschrieben. In eindringlicher Weise schildert die Satire den entschlossenen Kampf der Tiere gegen kriegswütige Politiker und Miltärmachthaber. »Für mich war erstaunlich, mit welchem Einfühlungsvermögen und Engagement die Schülerinnen und Schüler an den schwierigen Stoff herangegangen sind, obwohl weder sie noch ihre Eltern diese Zeit miterlebt haben. Vielleicht lag es aber an der traurigen Aktualität, die das Thema während der Dreharbeiten durch die Eskalation des Bosnienkrieges erhielt«, zollte Link den jungen Darstellern großes Lob.

Zeitzeugen und Wochenschaubilder

Die Aktualität des Themas – derzeit toben etwa 30 bewaffnete Konflikte weltweit – hatte die AG-Teilnehmer auch veranlaßt, den Film in Dokumentaraufnahmen einzubetten. Wochenschaubilder von der Zerstörung Dresdens sowie Zeitzeugenberichte der Bombardierung Freiburgs zeigten zur Einleitung Sinnlosigkeit, Grausamkeit und die Leiden des Krieges auf.

Beeindruckend auch das Ende des Abends: In der Satire gelingt es den Tieren letztendlich doch noch, die Staatsmänner und Militärs zum weltweiten Frieden zu »bekehren«. Die Hoffnung, daß auch in der Realität Haß, Krieg und Feindschaft weiter zurückgedrängt werden, sollten die anschließenden Fernsehaufnahmen nähren: Prominente Politiker mahnten bei Gedenkveranstaltungen zum dauerhaften Frieden, ehemalige Kriegsgegner und Opfer riefen zur Versöhnung auf und boten die Hand zur Freundschaft. **klu**

Offenburger Tageblatt

Literatur

Hans Christian Andersen	Sämtliche Märchen und Geschichten
	G. Kiepenheuer Verlag Weimar und Leipzig 1990
Gebr. Grimm	Kinder- und Hausmärchen
	Artemis und Wachter 1999
E. Kästner	Werke in 9 Bänden
	Hanser Verlag 1999
Willi Keller	Im Schatten der Burgen
	Grimmelshausen Buchhandlung und Verlag
M. Bentsen et al.	Märchen und Sagen von Europa
	Chocolats Nestlé , Peter , Cailler , Kohler 1947
J. Nestroy	Der Talisman
	Reclam
F. Raymund	Der Bauer als Millionär
	Reclam

Sachbücher

S. Dollin	Das neue Handbuch für
	Videofilmer
	Inter Book Hamburg

R. Zumstein	Der Zeichentrickfilm
	Habegger Verlag

www.ingramcontent.com/pod-product-compliance
Lightning Source LLC
Chambersburg PA
CBHW020441220526
45464CB00002B/801